写给老板的经济课

时新哲 —— 著

浙江人民出版社

图书在版编目（CIP）数据

写给老板的经济课 / 时新哲著. — 杭州：浙江人
民出版社，2021.9
　ISBN 978-7-213-10277-6

　Ⅰ.①写… Ⅱ.①时… Ⅲ.①经济学—通俗读物
Ⅳ.①F0-49

中国版本图书馆CIP数据核字（2021）第171108号

写给老板的经济课

时新哲　著

出版发行：浙江人民出版社（杭州市体育场路 347 号　邮编：310006）
　　　　　市场部电话：（0571）85061682　85176516
责任编辑：陈　源　何英娇
营销编辑：陈雯怡　陈芊如　赵　娜
责任校对：杨　帆
责任印务：刘彭年
封面设计：智点江山（北京）文化有限公司
电脑制版：济南唐尧文化传播有限公司
印　　刷：杭州丰源印刷有限公司
开　　本：670 毫米 ×960 毫米　1/16　　印　　张：18.25
字　　数：237 千字　　　　　　　　　插　　页：1
版　　次：2021 年 9 月第 1 版　　　　印　　次：2021 年 9 月第 1 次印刷
书　　号：ISBN 978-7-213-10277-6
定　　价：78.00 元

如发现印装质量问题，影响阅读，请与市场部联系调换。

目　录

第一章
老板为什么要学经济学

经济学的魅力

◎ 经济学是一门经济实惠之学

著名经济学家凯恩斯认为，经济学"不是一种教条，而是一种方法，一种心灵的器官，一种思维的技巧，帮助拥有它的人得出正确结论"。在我们今天这样的快节奏社会里，用经济学的眼光去思考、分析问题，可以透过表面现象去研究和揭示经济规律、经济现象、经济关系，使一切事物真实地呈现在我们面前。

经济学不仅能揭示一个国家经济运行发展的规律趋势，而且还能解决企业经营管理及人们生活中存在的种种问题。

经济学分为微观经济学和宏观经济学，其中又分为各种具体的类别，非常复杂。微观经济学是一门经济实惠的科学，从中人们可以得到自己需要的知识。经济学其实就存在于每个人的日常行为中，企业无论做什么都可以用经济学原理进行选择和取舍，从而用最小的成本获得最大的收益。

◎ 经济学的美与魅

经济学是一门理性且中性的学问，它的魅力在于它可以解释大多数的社会现象。比如，汽车的价格为什么一直在降？房价为什么这么贵？为什么猪肉卖出天价后，鸡肉、鸡蛋也跟着涨价？股市会出现长期的牛市吗……这些问题都能在经济学中找到答案。

经济学中有一些最基本的术语，如成本、收益、利益、资源等，我们可以用投入与产出比来衡量我们的收益，用机会和成本来解释企业的选择，等等。

很多问题的根源在于利益，利益的基础在于资源。所以，要想比别人有实力，你就要具备别人想要的资源；想要提升自己的魅力，你就要设法去创造别人需要的东西；想要别人觉得你好，你就要有吸引别人的独特的优点和魅力。而对资源，我们一定要恰到好处地利用它，否则就是浪费。

经济学的魅力正在于它是一门科学，而且应当越来越科学。尽管这一魅力的展示是一个困难曲折的过程，但人们确实已经感受到了它的魅力。

老板能从经济学中学到什么

◎ 学习经济学的意义所在

诺贝尔经济学奖获得者保罗·萨缪尔森说过："学经济学并非能够让你变成天才，但如果不学经济学，命运就很可能会与你格格不入。我们不是为了学经济学而学经济学，而是为了它给我们的启发。"

学好经济学对老板有什么意义？我们在他的《经济学》一书谈到的学好经济学的三个理由中可以得到启发。

一、学好经济学有助于你理解世界是如何运行的

经济学就是研究人们之间如何通过交易活动实现资源合理配置的科学。学了经济学，你就能明白市场这只"看不见的手"如何为人们服务；明白为什么有的企业服务那么差，收费却那么高；明白为什么屠呦呦的年收入还没有某些网红一个晚上的演出费高。

二、学好经济学有助于你正确地做出个人决策

在我们的一生中，需要做出许多经济决策。例如，当你大学毕业时，你需要决定是继续深造，还是去工作；工作以后，你需要决定你的收入哪些用于消费，哪些用于投资；如果用于投资，是买股票还是存银行；若你成为一家企业的老板，你就要做出更多的经济决策。为什么人们要做出各种决策？因为每个人的资源都是有限的，人们必须在各种需求之间分配有限的资源。更为麻烦的是，你的决策通常是在不确定的情况下做出的。为了避免决策失误，就需要学习经济学。经济学是关于选择的科学，它可以给人们提供一种方法、一种工具、一种思维方式。借助于经济学方法，你可以分析现实中遇到的各种问题，不被生活中各种问题的纷繁复杂的现象蒙蔽，从而有助于你做出正确的决策。

三、学习经济学有助于你理解政府政策的优劣

学习了经济学，你会明白我们为什么需要政府，什么是政府应该做的，什么是政府不应该做的。我们需要政府，是因为单靠市场不能使所有的资源都得到有效配置。比如，如果没有政府的干预，追求利润最大化的企业可能会让我们呼吸的空气受污染；我们可能无法拥有良好的社会治安，我们的个人财产和人身安全无法得到保障，甚至无法享用路灯、街心公园等公共物品；在市场交易中没有人们必须遵循的规则和秩序。但政府对市场干预过多也会导致产品供给不足、价格扭曲、资源浪费、垄断横行。政府的政策选择正确与否，不仅会影响整个社会资源的配置效率，也会影响包括你在内的每个公民的经济利益。所以，当你希望政府制定某项政策的时候，你必须谨慎考虑这种政策的不利后果，经济学常识有助于你思考这样的问题。

老板可以在经济学的指导下，高屋建瓴地俯瞰企业的各种问题，并能透过现象深刻地把握问题的本质，从中充分领略经济学的别样魅力。

◎ 学点经济知识，让你遇见更好的自己

经济学中蕴含着人类行为的深刻哲理，在生活中，处处可见经济学原理的影子。学点经济知识，懂得运用经济学原理，能让我们更好地理解生活、工作以及理性地规划未来的人生；可以帮助我们"见微以知萌，见端以知末"，不至于身临寒潮，还不知冷暖。

提起经济学，人们会有很多片面的观点与认知，譬如很多人认

为经济学是晦涩难懂的，充满了枯燥的词句和让人望而却步的艰涩理论。其实这是对经济学的误解，真正的经济学能教会我们在日常生活中如何理性选择、如何从容驾驭生活。从生活的角度来讲，经济学探讨的是如何生活以及如何生活得更好的问题。

在生活中，人们从经济行为出发，从细微处洞察经济学原理。在面临如何做选择与决策时，人们就会有意无意地运用经济学知识。例如，在签订合同时，为了争取一份满意的收益，就需要与对方讨价还价。从经济学的角度看，我们可以对以下几个问题做出正确的选择，从而实现自我提升。

（1）关于幸福感。从经济学的角度来讲，幸福与效用成正比，与欲望成反比。要提升幸福感，就需要不断提升效用，同时控制欲望，既要有利己的进取心，也要有利他的同情心。这也告诉我们，效用最大化或者收入最大化却不能带来幸福的原因。因为人们收入的不断增加会激发欲望，总是"这山望着那山高"，收入的提升速度跟不上欲望攀升的速度，幸福感也就随之下降；竞争的加剧催生攀比的欲望，导致幸福感下降。

（2）关于选择。经济学研究人和社会如何进行选择，选择的必要性源于物质资源的有限性与稀缺性。有经济学家对此通俗而精练地总结："经济学是什么？说得高深点，经济学就是一门选择的科学。"凡是涉及有限性的问题都要做出选择，选择一种机会就意味着放弃另外一种，从而产生机会成本。

经济学首先是向人们提供认识世界、解决选择问题的分析方法和工具。譬如，你研究生毕业了，面临着结婚还是不结婚的选择。经济学会告诉你，天下没有免费的午餐，为了结婚，你必须放弃一些东西，比如，单身的自由。为了得到某种东西而放弃另一种东西，是选择的机会成本。你可以根据结婚的机会成本做出自己的选择。机会成本是经济学中的一个重要概念。

在企业管理中，不懂经济学的老板也能成功，但要成为理性的现代企业家，就必须懂点经济学知识。具备了经济学素质不一定会成为成功者，但没有经济学素质，要想成功，实属不易。

（3）关于公平。公平感直接影响人们的工作动机和行为。一个人不仅会关心自己的绝对收入，还会关心自己的相对收入。人的工作积极性不仅与个人的实际报酬有关，还与人们感觉报酬的分配是否公平更为密切。人们总会自觉或不自觉地将自己付出的劳动代价及所得到的报酬与他人的报酬进行比较，并对公平与否做出判断。员工对收入的满意程度会影响员工的工作积极性。在企业中，不同的分配制度会出现不同的风气。企业如果存在不好的工作氛围，一定是分配机制出现了问题，没有做到公平、公正、公开，没有严格的奖勤罚懒制度。如何制定一个赏罚分明的制度，是每个老板都要考虑的问题。

◎ 企业的目标要靠钱来实现

一家企业必须要有自己的目标，这样员工才能知道自己应该做些什么。企业的目标应该涵盖以下八个领域：市场营销、创新、物质资源、资本资源、人力资源、效率、社会责任、利润要求。目标的制定要紧密围绕企业的使命；应该非常细化和具体，具有很强的可操作性；要能够调动企业内外的资源。

所有企业都以利润最大化为目标之一。若企业没有赢利，经营失败了，即使有再伟大的理想也难以实现。对企业来讲，就是要实现既定资源的利润的最大化。企业家要敢于做"逐利之徒"。

企业以利润最大化为目标，与社会利益并不相悖。在市场经济中，"利己"与"利他"是完全一致的。只有每个人都让自己的资源实现了最大化，才有整个社会资源配置的最优化。两百多年前，亚当·斯密就指出："每个人都在不断地努力为自己所能支配的资本找到最有利的用途。固然，他所考虑的不是社会的利益，而是他自身的利益，但他对自身利益的追求自然会或者毋宁说必然会引导他选定最有利于社会的用途。"

市场经济的哲学是"大河有水小河满"。每个人都从利己的目标出发，做好自己的事，才能增加社会利益。企业以利润最大化为目标进行经营，至少有五点好处：第一，企业实现了利润最大化，财富增加。企业财富增加，才有整个社会GDP的增加、整个社会财富的增加。第二，说明企业以合理的价格卖出了产品，企业的产品满足了社会需求。第三，企业实现了利润最大化，才能使企业扩大产能，为社会提供更多的就业机会。第四，提高了员工的工资和福利待遇，企业实现了共同富裕，社会才能更好地实现共同富裕。第五，向政府缴纳更多的税费，使政府能够为社会做更多的事。利润最大化是企业实现社会责任的基础。否则，企业自身都无法生存，岂有余力关心社会。

利润是提高企业效率的"牛鼻子"，是企业实现其他一切目标的前提。企业要生存与发展，利润是基础。收益小于成本，就没有利润。没有利润转化为投资，就没有企业的扩大和发展，要使企业增值，关键也在利润。有了利润不一定能实现其他目标，但没有利润绝对实现不了其他目标。对企业来说，利润就是万万不能缺少的东西。

企业做出一切生产经营决策，都要以实现利润最大化为基础。把利润最大化作为目标，就是把利润作为企业生产经营决策的出发点和归宿。所谓归宿，就是利润是企业经营成败的唯一指标。利润最大化要贯彻于企业的一切活动中，以及每项活动的整个过程中。

◎ 学习的目的在于学以致用

企业老板担负着企业经营和管理的任务，经常会遇到很多经济问题，经济学能够帮老板全面地考虑这些问题。

老板学习经济知识，首先要注意"经济"二字，即抓住一个重点——成本。成本包括花费的劳动、精力、时间、货币、财务、资源等。从经济学的角度来看，一样东西能降低人们做某件事情的成本，人们就愿意使用、购买它，生产者就愿意生产它，反之则无人问津。

学习经济学的重点是，学会像经济学家一样思考，即用经济学的知识和方法来分析自己所遇到的各种问题，做到边学、边思、边用，这样才会学得有兴趣，并能够做到学以致用。从根本上说，学习经济学与学习其他学科一样，是为了提高自己的综合素质。当然，学习经济学马上就取得立竿见影的效果是不可能的，但是随着知识的积累，你会发现自己分析问题的能力提高了，解决问题的能力增强了，你的综合素质提高了。这时，你会将工作、生活安排得更好，也会更加深刻地理解萧伯纳的那句"经济学是一门能使人生幸福的艺术"。

老板要懂一些经济学知识，并不是说让老板成为经济学家，经济学家的工作自然会有另外一部分人去做。那么，学习经济学知识对老板的工作有哪些促进作用呢？我认为至少有以下几点：

（1）经济学提供老板的，更多的是在思想和思考问题的方法上的熏陶。老板在学习了经济学知识以后，一方面，会改变自己的思维方式与行为模式，更加有效地配置个人经济资源，使自己的工作和生活得以改善；另一方面，提高了自己对社会经济问题的理解力，能够全面地考虑问题，能够更新观念，解放思想，更加有效地配置企业资源。

（2）经济问题有其自身独特的客观规律，老板在进行决策时，如果缺少必要的经济学知识，认识不到这些经济规律，很可能会导致事业的失败或者工作的低效率。

（3）现代社会是经济社会，每一个人都不可避免地被卷入市场经济的大潮之中。面对经济全球化、信息化、智能化等挑战和机遇，不懂经济学知识，连日常生活都会遇到很多困难，更不要说在企业经营中还要出色地完成各种管理工作了。

老板要有经济学思维

◎ 读经济书，做成功的老板

作为老板，如果没有经济头脑，不知道需求、供给，不知道国际经济大势，不知道国家经济政策变化，对股票指数、投资的盈亏不加关注，将自己置身事外，那很可能就会寸步难行。

学习经济知识，了解国家经济形势，是优秀老板的必修课。不懂经济学知识，一切都凭感觉而不是理性经营，就会做出错误的决策。这是由企业在社会关系中所处的地位和社会活动的复杂性及特殊性决定的。而且，企业的各种活动还会受到国家宏观调控、银行贷款政策、外部的经济环境和形势等诸多因素的影响，经济大环境的变化会影响企业的发展。老板必须根据经济环境和相关政策来制订企业发展计划。一个对外界经济形势一无所知，对企业内部资产、生产、投融资和其他活动不懂协调安排的老板，是无法带领企业发展壮大的。

经济学不仅要学习，还要实践。老板学习它的目的并不是从事专业研究，重点是要学会用经济学的知识和方法来分析自己所遇到的各种问题，并解决这些问题。这就要边学、边思、边用，三者同时进行，这样才能学以致用。

从根本上说，学习经济学和学习其他科学一样，是为了提高自己的整体素质。也许在开始学习经济学时，你并不会感到它有多大用处，起码不会立竿见影。但这个学习过程是一个逐渐提高自己整体素质的过程，有一天你会发现，自己分析问题的水平提高了，解决问题的能力也增强了。有了这种素质，什么工作都能做好。

因此，优秀老板不会仅靠市场的运作来任由企业自生自灭，而是会学习经济学，懂得经济学，按照经济现象背后存在的经济规律办事，科学规划，做一个成功的老板。

◎ 消除老板对经济的误解

人们追求利润最大化靠的是理性，这种理性就是经济学的分析方法。经济学是一门使人更理性、更聪明的学问，了解经济学能提高我们的分析能力与决策能力。

管理好一家公司，离不开对经济学知识的掌握和了解。企业老板学好经济学，有助于企业的发展，减少不必要的损失。但是，很多人对经济学还是存在以下一些误解：

（1）经济学是无用的。许多企业家错误地认为，经济学是无用的理论，不懂经济学照样能成功。许多人尽管不懂经济学，甚至没有文化，但凭着他们对市场的敏感、胆识和勤奋也成功地创立了企业。但在企业做大之后，还这样干下去，难免就会有失败的危险。其实，任何国家的经济都在遵循着经济规律发展，让经济学指导着社会经济的发展。

（2）经济学只研究宏观经济。很多人不学习经济学，因为他们认为经济学研究的都是宏观经济发展问题，而那应该是经济学家考虑的事情。其实不然，再小的企业也会用到经济学。

（3）经济学只与商业有关。经济学不仅研究商业活动，还与生活、情感息息相关，因为在人们的生活中，经济学无处不在。

老板作为企业的管理者，需要学习各种文化知识，其中就包括经济学知识。一个天才的企业家可能会有一时的辉煌，却难以基业长青。天才的企业家还需要学习经济学，不仅要学好经济学，还要把它运用到实际工作中。

◎ 老板要像经济学家一样思考

经济学是一门"理性智慧"之学。经济学家约瑟夫·斯蒂格利茨在他所著的《经济学》一书中曾提出这样一个观点："像经济学家一样思考。"言外之意是，经济学家在思考问题、分析问题和解决问题时，有着独特的见解和智慧，学了经济学，人们就会少一些盲目，多一些智慧和理性。

经济学并没有提供一套解决问题的现成答案，而是提供了分析问题、解决问题的方法和思维方式。经济学家常常借助于这套独特的工具和方法研究经济、政治、社会等各种问题。当一般人仅仅看到生活中各种问题的表象时，经济学家却常常能够抓住事物的本质，这正是经济学家的高明之处。只有认清事物的本质，掌握经济规律，才可能做出正确的决策，这也是我们要学习经济学的原因。我们每天都会遇到许多经济问题，也需要随时做出决策。像经济学家一样思考就是要学会用经济学提供的语言、方法和工具来分析现实问题，并做出正确的决策。经济学家思维方式的重要特点，就是在决策时比较可供选择方案的成本和收益。

经济学家认为，人们做出任何决策都要付出代价。在资源既定时，你选择了某种决策就要放弃另一种决策，得到点什么就不得不放弃点什么，经济学家把为了得到某种东西而放弃的东西称为机会成本。比如，你开书店的机会成本是什么呢？或者说，你放弃了什么呢？当然，绝不仅仅是你进货的费用和向银行支付的贷款利息。

首先，你选择自己开书店，就不能到原来的公司上班，你放弃了工资；其次，假如你开书店的资金中有一部分是你的储蓄，用自己的资金当然不用付利息，但你也不能获得将积蓄存入银行得到的利息，这样你就放弃了利息收入；再次，假定你开书店使用的是自家的商铺，如果商铺出租，你可得到租金收入，这也是你自己开书店所放弃的收入。

以上这些项目都是你开书店需要付出的代价，在计算成本的时候都应该考虑在内。在不考虑机会成本时，也许你以为自己赚了，但如果像经济学家一样考虑机会成本的话，也许你开书店的决策就是错误的。

第二章
"看得见的手"：老板要了解和
研判经济大势，谋定后动

经济周期

◎ 经济周期——找准最佳投资时机

海水既然有落潮，也一定会有涨潮。经济也是这样。受多种因素的影响，宏观经济的运行总是会呈现出周期性变化。这种周期性变化表现在许多宏观经济统计数据的周期性波动上，如国民生产总值、消费总量、投资总量、工业生产指数、失业率等。

经济周期，也被称为商业周期、商业循环，它是指经济运行中经济活动沿着经济发展的总体趋势出现的周期性的经济扩张与经济紧缩交替更迭、循环往复的扩张和收缩的一种现象。保罗·萨缪尔森告诉我们，经济周期是国内生产总值、总收入、总就业量的波动。任何国家或地区都避免不了经济周期性的波动。这种波动以经济中的许多成分普遍而同期地扩张或收缩为特征，持续时间通常为2—10年。它以大多数经济部门的扩张或收缩为标志。

对国家政策的制定者来说，准确把握经济运行趋势，拿出合适的经济对策与调控措施，才能有效地防范经济剧烈震荡，保证社会和谐发展。正确估计市场景气程度，据此来调整业务规模，优化资产与负债的比例，这对企业的生存与发展来说至关重要。

在市场经济条件下，企业家们越来越多地关心经济形势，也就是"经济大气候"的变化。一家企业生产经营状况的好坏，既受其内部条件的影响，又受其外部宏观经济环境的影响。一家企业无力决定它的外部环境，但可以通过内部条件的改善，来积极适应外部环境的变化，充分利用外部环境，并在一定范围内改变自己的小环境，以增强自身活力，扩大市场占有率。因此，老板必须要了解、把握经济周期的波动，并能制定相应的对策来适应周期的波动，否则就很可能在波动中丧失生机。

经济学家力图寻找引起经济周期波动的原因，建立一套经济周期理论。自19世纪中期以来所提出的经济周期理论有几十种之多，这些理论主要可以分为外部因素理论和内部因素理论。外部因素理论（也被称外生经济周期理论）认为，经济周期的根源在于经济体系外的某些因素的变动，如科学发明、技术改良、资源新发现、气候变化、战争与革命、政治事件等。内部因素理论是在经济体系内寻找经济周期自发运动的因素。

经济的发展有其固有的规律，我们只能认识这个规律，使其为我们所用，尽量消除经济周期对企业发展的不利影响；否则，我们真的就会像乘坐过山车一样，高高低低，惊险刺激。

◎ 企业处于不同生命周期的管理策略

世界上任何事物的发展都存在着生命周期，企业也不例外。企业生命周期如同一双无形的巨手，始终左右着企业发展的轨迹。所谓企业的生命周期（如图2-1所示），是指企业诞生、成长、壮大、衰退甚至死亡的全过程。虽然不同企业的寿命有长有短，但各个企业在生命周期的不同阶段所表现出来的特征具有某些共性。了解这些共性，便于企业了解自己所处的生命周期阶段，从而修正自己的状态，尽可能地延长自己的寿命。

企业生命周期理论是关于企业成长、消亡阶段性和循环的理论。企业生命周期有两种划分方法，一种是自然生命周期，另一种是法定生命周期。自然生命周期属于我们前文所说的生命周期理论所研究的范畴，法定生命周期来源于各个国家对不同企业形式在工商登记时对企业有效期限的限制。企业生命周期问题所运用的基本思想——生命周期的思想，不仅被运用在理解企业生命的现象上，还被运用在与企业经营有关的很多方面上。例如，最常见的是对产品生命周期的探讨，产品生命周期问题自然会影响企业的寿命周期，尤其是对那些产品单一的企业而言更是如此。

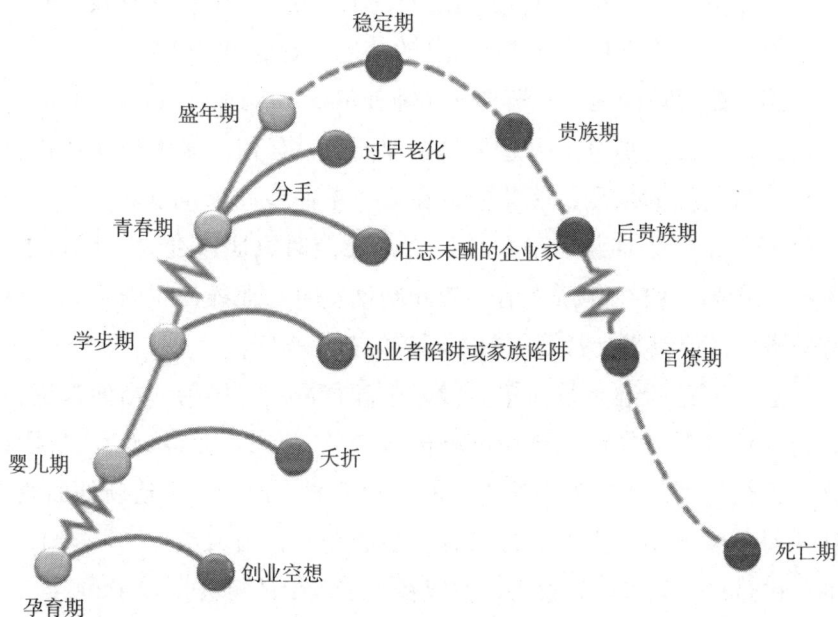

图 2-1 企业生命周期图

企业生命周期理论构成了经济学和管理学对企业成长问题的最基本的假设之一。企业在成长过程中会经历若干发展阶段，每个阶段具有相应的特点和驱动因素，这就要求企业在各个方面不断变革，与其发展阶段相适应。

企业所处的生命阶段，不以时间长短来确定，也不以规模大小为前提。就时间来说，有不少百年老店依然"年轻"，也有不少刚刚建立的企业已经"老态龙钟"；就规模来说，有些世界排名靠前的巨型企业依然生机益然，有些小型企业已经被送进了重症监护室。判断企业年龄的尺度是企业的灵活性和控制力的消长情况。

◎跨越第二曲线，开启二次增长

不了解第二曲线的企业会在历史命运的摆布下走向衰败，善于把握第二曲线的企业则能掌握自己的命运不断走向繁荣昌盛。

第二曲线理论是由欧洲管理大师查尔斯·汉迪（Charles Handy）提出的，即无论是对个人还是对企业而言，任何一条增长曲线都会有一个抛物线的顶点，因此应该在第一条曲线尚未走下坡之前，为自己开创第二条曲线。简单说，就是要及时大胆改变。关键在于，你必须在第一曲线到顶之前，就开始创造第二曲线，否则不会有足够的资源或能量来支持第二曲线所需的初期投资。

这个理论听起来很简单，做起来却很困难，因为"当你知道你该走向何处时，你往往已经没有机会走了"。在企业最成功的阶段，凡事无往不利，大家都想维持现状，没人想去改变。创造新的曲线，往往得不到大多数人的支持。有太多的企业，因为错过了转向未来的关键路口，只能怀念过去，空叹错失了改变的机会。

一家企业在一种产品甚至一种产业上的成功不算真正的成功，企业的长期可持续发展才是真正的成功。因为任何一种产品或产业都不会一成不变，都会有自己的生命周期，都会随着时间的流逝而退出历史舞台，只有适时转向新的业务领域，延续生命的第二曲线，才能保持青春的生命力。

第二曲线有各种延伸方式。它可以是向新产业、新产品的跨越，也可以是向新的经营模式的转变。英特尔、沃尔玛等就是通过产品与经营模式的不断革新而实现向生命的第二曲线跨越的成功范例。

一家企业生命的第一曲线，是指其以现有产业或产品为基础的企业生命活动。由于任何产业、任何产品都有或长或短的生命周期，随着第一曲线的结束，就必须适时地跨入新的领域，转向生命的第二曲线。如图 2-2 所示，虚线所代表的就是企业发展的第二曲线，在第一曲线发展即将到达最高峰时，就要做好进入第二曲线、开发企业新产品的准备了。

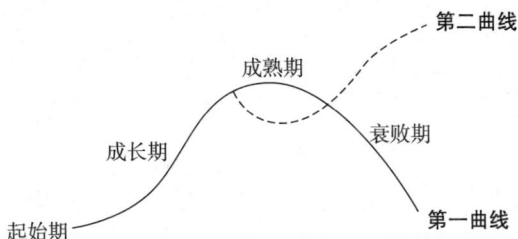

图 2-2 企业的发展双曲线

在现今市场领域之中，活跃着大量的"长寿"企业，它们虽已历经数十年、近百年甚至数百年，却依然焕发着青春的朝气与活力，其中的奥妙就在于它们顺利实现了由第一曲线向第二曲线的跃迁。

通货膨胀与通货紧缩

◎ 通货膨胀——钱不值钱了

通货膨胀是指由于货币供应过多而引起货币贬值、物价持续普遍上涨的现象。简单地说，通货膨胀就是东西越来越贵，钱不值钱了。

短期内的价格波动是正常现象，是市场机制发挥作用的表现。如果只有个别产品和服务的价格偶尔上涨，也不能称为通货膨胀。只有在持续的一段时期内物价一直增长，才有可能发展为通货膨胀。一旦发生通货膨胀，虽然和从前挣的钱一样多，但是钱的价值降低了。因此，生活中的各项支出出现的上涨会使老百姓的生活质量相对下降，生活也会比从前困难一些。

一般来说，通货膨胀必然会引起物价上涨，但不能说凡是物价上涨都是因为通货膨胀。影响物价上涨的因素是多方面的。只有在物价上涨是因纸币发行过多而引起的情况下，才属于通货膨胀。如图 2-3 所示。

当通货膨胀发生时，商品与劳务的价格会上涨，家庭消费支出会增加；若消费支出不变，则会使消费水平降低。因此，通货膨胀对社会大众会产生不利的影响，大幅度的通货膨胀则会引发经济灾难。

价格受供求关系影响，商品供不应求时价格就会上涨

政策性调整，理顺价格关系会引起物价上涨

商品价格与商品价值成正比，商品价值量增加，商品的价格就会上涨

商品流通不畅，市场管理不善，乱收费、乱罚款，也会引起商品价格的上涨

影响物价上涨的因素

货币的发行量应以流通中所需要的数量为限度，如果货币发行过多，引起纸币贬值，物价就会上涨

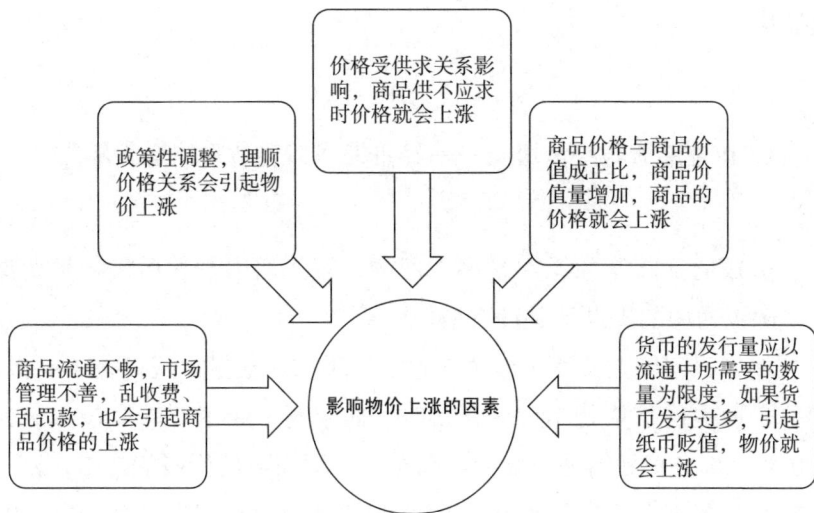

图 2-3　引起物价上涨的常见因素

　　失业与通货膨胀之间有密切的关系。菲利普斯曲线就显示了两者的关系。如图 2-4 所示。

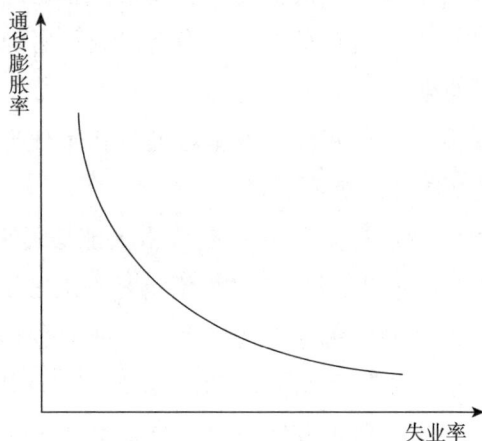

图 2-4　菲利普斯曲线

　　菲利普斯曲线为政府的经济政策选择提供了一个依据：是以高通货膨胀为代价来换低失业率，还是以高失业率为代价来换取低通

货膨胀。

◎ 通货膨胀与经济增长——经济发展需要适度的通货膨胀

造成通货膨胀的原因是多方面的。直接原因是货币发行量增加而实际流通中的需求量并没有增加。

例如，市场上需要 100 个面包，货币的流通量也正好是 100 元，即每个面包的价格是 1 元。开始时，面包商一天生产的面包数量为 100 个，总量正好满足 100 元的购买力，即面包的价格就是 1 元钱一个。生产的面包还是 100 个，而此时的纸币供应量却增加到了 200 元，面包供不应求，只有用价格来调节了。

政府通常为了弥补财政赤字或刺激经济增长增发货币，当过多的货币供应量远远超过了既定的商品和劳务的供应量时，必然会导致货币贬值、物价上涨。一般情况下，通货膨胀是国家为了刺激经济运行采取措施而无法避免的后果。但有时候，增加货币的供给量也是政府的有意安排。

按照通货膨胀上涨的程度，通常将通货膨胀分为温和的通货膨胀、奔腾的通货膨胀和超级通货膨胀。

（1）温和的通货膨胀。其特点是价格上涨缓慢而且可以预期，通货膨胀率一般在 10% 以内。此时物价相对来说比较稳定，人们对货币比较信任。许多国家都存在着这种类型的通货膨胀，而且有些学者认为，这种通货膨胀对经济发展有一定的促进作用。

（2）奔腾的通货膨胀。其特点是价格上涨速度快，总体价格水平每年以 10%—100% 的速度上升，此时货币严重贬值，而且人们预期其价格还会上涨。为了避免货币贬值带来的风险，人们囤积商品、购置房产，大量资本逃往国外，价格扭曲，导致社会经济的正常运行遭到破坏。

（3）超级通货膨胀。其特点是价格每年以 100% 以上的速度急剧上升。此时，货币购买力急剧下降，人们对货币完全失去信任，价格体系和货币体系崩溃，经济陷入瘫痪状态。

经济学家认为，只要物价上涨控制在 3% 以内都属于温和的通货膨胀，温和良性的通货膨胀有利于经济的发展。

◎ 通货膨胀与企业——通货膨胀对企业纳税和投资的影响

通货膨胀对企业来说是把双刃剑，一方面，企业成本增加，可以通过产品转嫁给消费者，短期得益；另一方面，由于什么产品都可以卖掉，企业不再注重提高质量，长期来看必然会损害企业的核心竞争力。

从经济角度来分析，通货膨胀是影响企业财务管理的一个重要因素，因为它对企业的现金流和管理策略都会产生重大影响，对企业财务活动的影响尤为严重。

首先，随着企业的不断发展，企业的资金需求不断膨胀。这是因为物价上涨，同等数量的存货会占用更多的资金；企业为减少原材料涨价所受的损失往往会提前进货，超额储备，导致资金需要量增加；资金供求矛盾尖锐，企业间相互拖欠货款的现象严重，应收账款增加，引起资金需求增加；通货膨胀时，按历史成本原则核算，会造成成本虚低，利润虚增，资金不足，企业要维持正常生产需要增加资金。

其次，资金供给持续性短缺。这是因为政府为了控制通货膨胀，紧缩银根，减少了货币资金供应量；物价上涨，引起利息率上涨，使股票、债券价格暴跌，从而增加了企业在资本市场上筹资的困难；物价上涨时，银行贷款的风险上升，贷款的条件也更加苛刻。

最后，货币性资金不断贬值。由于有价证券价格的不断下降，企业倾向于投资具有保值性的实物性资产。在通货膨胀期间，无论进行证券投资还是直接投资，都必须考虑通货膨胀的因素。投资证券时应投资于浮动收益债券、高股利率普通股。在直接投资决策中需要调整通货膨胀对销售收入、原材料费用、人工成本、管理费用、所得税支出、初始投资额、垫支的营运资本、设备残值等因素的具体影响，以便使决策准确无误。

为了减轻通货膨胀对企业造成的不利影响，企业应当采取措施予以防范。在通货膨胀初期，货币面临着贬值的风险，企业可以加大投资，避免风险，实现资本保值。与客户签订长期购货合同，减少物价上涨造成的损失。在通货膨胀持续期，企业可以采用偏紧的信用政策，减少企业债权或调整财务政策，防止和减少企业资本流失，等等。

◎ 通货紧缩——通货紧缩的负面效应与应对

通货紧缩是与通货膨胀相对应的一种货币现象，许多人都曾经历过通货膨胀，也深受物价上涨之苦，并对其深恶痛绝；而对通货紧缩即物价的持续下跌，则认为其危害性不大。当然，仅就个人消费而言，物价下跌可以减少支出，从某种程度上可能是好事；但对整个经济的影响来说，通货紧缩的破坏力极大，它会影响人们的就业和收入，从而影响生活水平的提升。

许多人认为，通货紧缩不正代表抑制通货膨胀的目标得以实现了吗？这是好事啊。其实不然。

通货紧缩对经济增长的影响有短期和长期之分。适度的短期通货紧缩有利于经济的增长。理由为，通货紧缩将促使长期利率下降，有利于企业投资改善设备，提高生产率。在适度通货紧缩状态下，经济扩张的时间可以延长而不会威胁经济的稳定。而且，如果通货紧缩是与技术进步、效益提高相联系的，则物价水平的下降与经济增长是可以相互促进的。

通货紧缩的效应有正面的，也有负面的。就正面效应而言，通货紧缩能给货币持有者和消费者带来收益，因为通货紧缩意味着货币购买力提高，用同一货币收入可以买到更多的东西；就负面效应而言，通货紧缩对企业、劳动者是不利的，因为通货紧缩造成市场销售困难，生产开工不足，失业率增加。因此，通货紧缩不是一幅美丽的画卷。

通货紧缩是比通货膨胀更危险的敌人。长期的货币紧缩会抑制投资与生产，导致失业率升高及经济衰退。因为物价的持续下降会使生产者利润减少甚至亏损，继而减少生产或停产；同时使债务人受损，继而影响生产和投资；生产投资减少会导致失业增加、居民收入减少，加剧总需求不足。通货紧缩通常被认为是经济衰退的先兆，严重的通货紧缩会造成经济的大萧条，使经济发展倒退几十年，并且在较长时间内难以复苏。难怪日本经济学家把曾经发生在日本的一场通货紧缩称为"可怕的通货紧缩幽灵"。很多经济学家由此得出一个结论：通货紧缩对经济所造成的损害要比通货膨胀大得多。

经济指标

◎ 国民收入——政府收支的大算术题

国民收入是指一个国家在一定时期（通常为一年）内物质资料生产部门的劳动者新创造的价值的总和，社会总产品的价值扣除用于补偿消耗掉的生产资料价值的余额。

国民收入是衡量一个国家在一定时期内经济业绩的指标。它是指一个国家在一定时期投入生产资源所创造的所有价值总和。国民收入通常以货币来计量。所有价值总和可从三个角度来定义：国民所生产的最终产品和劳务的总价值，国民生产这些产品和劳务所取得的总收入，兼具生产者和消费者的人从收入中消费的商品和劳务。

在宏观经济学中用两个主要统计数值来反映国民收入，即国内生产总值（GDP）、国民生产总值（GNP）。除此之外，还包括其他一些指标，如国民生产净值（NNP）、狭义的国民收入（NI）、个人收入（PI）、个人可支配收入（DPI）等。

◎ 国民生产总值——一个国家的产量和经济实力

国民生产总值是本国常驻居民生产的最终产品的市场价值的总和，它以人口为统计标准。换言之，无论劳动力和其他生产要素处于国内还是国外，只要是本国国民生产的产品和劳务的价值都被记入国民生产总值。常驻居民包括居住在本国领土的本国公民、暂住外国的本国公民和常年居住在本国的外国公民。

◎ 国内生产总值——备受关注的经济统计数字

国内生产总值是指一个国家（或地区）领土范围内，一段时期内（通常指一年）本国居民和外国居民生产的最终产品的市场价值的总和。国内生产总值是衡量一个国家整体经济状况的最重要的指标。经过国家统计局公布的《2020年国民经济和社会发展统计公报》初步核算，2020年国内生产总值为1015986亿元，比上年增长2.3%。

国内生产总值是指在本国领土生产的最终产品的市场价值总和，以领土为统计标准。换言之，无论劳动力和其他生产要素属于本国还是外国，只要是在本国领土上生产的产品和劳务的价值都记入国内生产总值。

国内生产总值不但可以反映一个国家的经济表现，还可以反映一国的国力与财富状况。在国内生产总值的定义当中，要特别注意，国内生产总值的统计范围为全部的产成品，中间产品不计入国内生产总值。例如，一辆出厂的汽车，计入国内生产总值的只有这辆车的市场价值，而生产过程中使用的钢铁、玻璃、塑料等原材料的价值则不计入，这样做是为了避免重复计算。由此可以看出，国内生产总值统计的实际上是一个新增产值的概念，即一个时期内使用生产要素进行生产所获得的所有增加值的总和。像家务劳动、自给自足的生产，以及地下交易、黑市交易等活动，因为无法衡量其市场价值，均不计入国内生产总值的统计范畴。

◎ 失业率——经济复苏的"晴雨表"

在经济学中，一个人愿意并有能力为获取报酬而工作，但尚未找到工作的情况，就被认为是失业。失业率是劳动人口中符合"失业条件"者所占的比例，旨在衡量闲置中的劳动产能。失业率是所有经济指标中最能直接反映经济发展状况的指标。

失业率的计算方法是：

$$失业率＝（失业人数／劳动人口）×100\%$$

无论是在美国，还是在中国，或者在世界其他国家，失业率都是极其重要而敏感的指标。不仅个人怕失业，政府也怕失业。失业的人多了，就可能会产生社会动荡。萨缪尔森说过："当失业率达到10%的时候，政治家们可能就会失去理智。"杜鲁门说："邻居失业，意味着经济萧条；自己失业，意味着意志消沉。"一个国家的失业率居高不下，表明国家经济不景气、经济受阻。因而，充分就业是宏观经济政策追求的目标之一。

根据形成的原因，我们可以将失业分成三种类型，即自然失业、周期性失业和隐蔽性失业。自然失业是指由于经济中某些难以避免的原因所引起的失业。周期性失业又被称为总需求不足的失业，是由于总需求不足而引起的短期失业。周期性失业的原因主要是整体经济水平的衰退。隐蔽性失业是指劳动者表面上就业而实际上从事与其教育水平或能力不相符的工作的一种社会现象。

无论是哪一种失业情况，都不是我们愿意看到的。失业也就意味着暂时性地失去了生活来源，再加上缺乏失业保障性措施，失业率的增加会导致消费萎缩。消费萎缩就意味着生产的产品将会滞销，进而导致企业倒闭或者没有经济效益。而这又意味着裁员措施，最终导致 GDP 的下降。同时，失业率过高也会使得失业的人数增多，导致犯罪率上升，对整个社会稳定产生极大的影响！

◎ 消费者物价指数——通货膨胀水平的重要指标

从 2019 年起至 2021 年初，猪肉价格一直飞涨，有的地方的猪肉价格甚至达到了七八十元一斤。人们逐渐转向购买鸡肉、鱼类、鸡蛋、蔬菜等替代产品，这样又导致这些替代品的需求被拉升，其价格也就跟着涨了起来。

猪肉价格的上涨给全国人民上了一堂生动的经济学课。仿佛只在一夜间，消费者物价指数（CPI）这个专业名词就开始成为普通民众谈论的话题。

CPI 是反映与居民生活相关的产品及劳务价格的变动指标，比如 CPI 为 6.5%，即表示和去年同期相比 CPI 上涨了 6.5%。我国的 CPI 统计包含八大类——食品、烟酒及用品、服装、家庭设备用品及维修服务、医疗保健和个人用品、交通和通信、娱乐教育文化用品及服务、居住。CPI 是一个国家判断通货膨胀程度的标志，CPI 越高，意味着通货膨胀的可能性越高，所以 CPI 只是一个表象，人们真正关注的还是隐藏在其背后的通货膨胀。

通货膨胀的主要标志是物价全面上涨，CPI 上涨主要是食品类价格上涨，属于结构性上涨，扣除食品等因素后，我们的核心 CPI 还处于较低的水平，所以，还不能说我们已经进入全面通货膨胀状态。因此，猪肉只是唤醒了人们的 CPI 意识，加深了人们对通货膨胀的担忧。

◎ 个人收入——评估经济情况的有效指标

个人收入指个人从各种途径获得的收入的总和，包括工资、租金收入、股利股息及社会福利等收取得来的收入。个人收入指标是预测个人的消费能力、未来消费者的购买动向及评估经济情况好坏的一个有效的指标。收入提升代表经济景气，相应地，个人消费支出就有可能增加。

一个人收入的多少不仅反映了此人购买力的大小，还与该国的国内生产总值有关。个人收入提升总比下降的好，个人收入提升代表国家经济景气；下降则是国家经济放缓或衰退的征兆，其对货币汇率走势的影响不言而喻。如果个人收入上升过急，央行担心通货膨胀，又会考虑加息，加息当然会对货币汇率产生强势的效应。

个人收入并不等于全部都能够由消费者个人自由支配，因为消费者获得一定数额的收入之后要缴纳个人所得税，税后的个人收入才是个人可支配收入，即人们可随意用来消费或储蓄的收入。因此，用公式表示就是：

个人可支配收入＝个人收入－个人所得税

◎ 财政收入——国家繁荣富强的指标

财政收入是指政府为了满足其支出需要而参与社会产品分配所取得的各种收入。财政收入规模是衡量一个国家政府财力的重要指标，是一国政府执行职能、提供公共产品的物质基础，是国家调节经济的重要手段。政府在社会经济活动中提供公共物品和服务的范围和数量，在很大程度上取决于财政收入的充裕状况。

税收是财政收入的主要形式，因此，财政收入对企业财务的影响，主要是税收对企业财务的影响。税收对国民经济的作用是两方面的，一个是财政作用，一个是经济杠杆作用。税收的财政作用表现在它是国家筹集资金、保证财政收入的重要工具；税收的经济杠杆作用表现在国家利用税种和税率调节企业、单位和个人的收入、利润和所得，从而调节社会生产和消费。税收的两个作用都直接作用于企业，对企业生产经营和财务状况有重大影响。

财政收入对企业利润具有影响。利润是企业生产经营的最终成果，是企业的纯收益。工业企业利润是在生产过程中形成的，是在流通过程中实现的。利润是衡量企业经济效益的重要指标，是企业生产经营的牛鼻子。企业利润的多少不仅取决于企业生产经营的好坏，还取决于国家税收的多少。

税收对企业利润的影响主要是产品税、增值税、营业税等对利润的影响，产品税、增值税、营业税是对企业的流转额所征收的税。此外，企业还要缴纳城市维护建设税、教育税、土地使用税、车船使用税、房产税、印花税等。它们计入价格，但不计入成本，也不计入企业利润，只要企业获得了销售收入，不管企业是否盈利，都必须如数缴纳，这些税对企业利润的影响很大。这些税均属于杂税，大部分是地方税种，这些税的高低，直接影响成本费用的高低，也就间接地影响了企业的利润水平。如果是出口企业，还需要缴纳关税。

企业在生产经营过程中，不仅要关心利润的多少，更要关心留给企业的利润的多少。企业留利水平直接影响企业当前生产经营的积极性，还影响企业发展的后劲。因此，从增加国家财政收入和增强企业后劲两方面考虑，国家要选择适当的税率，从而逐步走向企业多留、国家多收的良性循环。

◎ 外汇储备——国家经济实力的象征

外汇储备是显示一个国家经济、货币和国际收支实力的重要指标。其主要用途是支付清偿国际收支逆差，还经常被用来干预外汇市场，以维持本国货币的汇率。

一定的外汇储备是一国进行经济调节、实现内外平衡的重要手段。当国际收支出现逆差时，动用外汇储备可以促进国际收支的平衡；当国内宏观经济不平衡，出现总需求大于总供给的情形时，可以动用外汇组织进口，从而调节总供给与总需求的关系，促进宏观经济的平衡。当汇率出现波动时，可以利用外汇储备干预汇率，使之趋于稳定。因此，外汇储备是实现经济均衡稳定的一个必不可少的手段，特别是在经济全球化的环境下，一国经济更易于受到其他国家经济影响。

我国的外汇储备有五种来源：

一是来自进出口贸易持续顺差积累形成的外汇储备（其中包括外商所有部分）。

二是来自外来直接投资（FDI）形成的外汇储备（外商需将外币换成投资国货币，才能投资）。

三是来自外汇储备的资产收益（可通过购买外国国债、对外投资等方式获取）。

四是来自国际投机资本，即所谓的"热钱"（随时可以外流）。

五是来自外国机构、个人的外币存款（同样可以提取汇走）。

根据中国人民银行发布的数据，2019年，我国外汇储备规模为31079亿美元。有了这么多的外汇储备，我们可以做什么？有了外汇就代表了一定量的货币购买量，通俗点说就是有钱了。你有钱了之后会做什么？会买一些东西。那国家有钱了呢？可以购买新技术、对外进行投资、加大科学技术的研发力度、并购国外企业等。外汇储备还可以用来抵御金融风险，平衡本国货币的汇率，如买入外国债券，防止人民币汇率不稳定等潜在危机。外汇储备相当于黄金储备，既能用来进行国际交易，也可以因此发行基础货币。

一个口袋装得鼓鼓的国家，会让百姓感到踏实。但连续增长的外汇储备，对中国经济发展而言，不仅是利益的流入，还暗藏着风险。这是因为，货币价值的不稳定性导致这种资产具有一定的风险性。

外汇储备是不是越多越好呢？答案是否定的。外汇储备充足有利也有弊，不能盲目地认为外汇储备越多越好。我国的外汇储备中有着巨额的美元资产，而现阶段美元汇率一直处在不断变化之中，外汇储备资产极易遭受汇率风险而导致无形的账面损失。现在，面对越来越大的中美贸易顺差，美国要求人民币升值，而这就同时意味着美元贬值，势必会引起我国大量外汇储备的缩水。

持有外汇储备不用，是不能带来任何价值的。只有将外汇储备这些"纸"变成实实在在的资产，才能真正实现它的保值增值。目前，为了能够使我们手中的巨额外汇储备保值增值，同时实现财富扩张，我们可以通过扩大资本设备和战略资源进口、对外直接投资等方式，包括投资国外能源的供应地、能源的供应线以及国外科技行业等。对于利弊共存的事物，趋利避害的关键是把握一个"度"。

政府干预

◎ 灯塔效应——信息不对称与市场失灵

经济学家对灯塔一直情有独钟。19 世纪英国经济学家穆勒指出，虽然海中的船只可以受益于灯塔的指引，灯塔却无法向这些船只收取费用。除非政府用强迫抽税的方法，否则灯塔就无利可图，以至于最后无人建造。后来，另一位英国经济学家西奇威克发展了穆勒的观点，认为在类似灯塔这种情形中，以市场收费来鼓励提供服务的观点大错特错，因为这些服务被社会需要而又无法收费。

20 世纪剑桥学派代表庇古则以灯塔为例说明了市场失灵。萨缪尔森也有类似的观点。灯塔之所以为经济学家所津津乐道，就在于它是一种不同于一般物品的公共物品。

市场上用于交易的商品，大到房子、汽车，小到水果蔬菜，大部分具有竞用性和排他性。而一些公共物品，比如国防、市政公园、路灯，一般都是非竞用和非排他的。公共物品的这种性质决定了它无法排除个人从公共物品中获得利益。例如，每个行人都可以从大街的路标中获得信息，每个公民都可以从建设起来的国防体系中获得保护。这就意味着，消费者可以"搭便车"，即免费享用公共物品。

经济学家常用灯塔这个例子说明公共物品容易被搭便车的现象，灯塔效应由此成为一个经济学概念。灯塔效应是指私有商品都可以在市场交换，并具备市场价格和市场价值，但公共商品没有市场交换，也不具备市场价格和市场价值，因此消费者都不愿意支付公共商品的费用而让别人来消费。由于搭便车行为，灯塔通常不能由私人建造，因此，现在的灯塔大部分是由政府经营的。

灯塔效应在经济学上有着相当广泛的应用。在公共经济学领域，灯塔效应是最基础的几个理论之一，它在很大程度上决定了政府应该具备什么样的职能，那便是代表公众对公共事业进行管理。通过政府的适当干预，有效解决公共产品供给的市场失灵问题。比如，修建公园、奖励为集体做出贡献的人、惩治犯罪，等等；另外，因为公共物品生产和消费的非排他性和非竞用性，往往导致人们产生无节制的"免费搭车"行为，因此，政府还应该对每个人消费公共物品的权限进行规范。比如，一些重污染企业对环境造成了污染和破坏，政府应出面对其征收污染税或者进行罚款，这是政府的重要职能之一。除了预示政府这种比较典型的管理公共领域的角色，在无处不在的诸多公共领域，灯塔效应都有着广泛的价值。

◎ 次贷危机时的政府干预——没有法规，就没有自由

经济学家梁小民指出，金融危机起源于次贷危机，而次贷危机的根源不是市场调节，而是政府干预。

政府干预在相当程度上可以纠正导致市场失灵的公共物品问题、外部性问题、垄断和信息不对称等问题。然而，政府也不是万能的，在力图弥补市场失灵的过程中，政府干预行为本身的局限性又可能导致另一种非市场失灵——政府失灵。次贷危机的例子再次告诫人们，政府提供的金融消费者保护也并非万能，监管失当是造成次贷危机爆发的根源之一。

2008年次贷危机的爆发是美国乃至全球经济危机长周期的一种反映。20世纪90年代是美国历史上经济繁荣最长的时期。如果由市场调节，繁荣之后必有衰退，进入21世纪，经济就该放缓了。为维

持经济繁荣，美联储在 2002—2004 年间实行低利率政策。这就刺激了房地产泡沫，房子盖多了，出售成了问题，于是房地产商就想到了那些没房的穷人。

按正常的房贷条件，这些人没有资格获得贷款。为此，银行只好放松房贷条件，让穷人贷款买房，这些人就是"次贷"者。他们进入房地产市场，使泡沫更大。而这些"次贷"又被证券化，进入金融市场。由于房地产热，这些证券也非常热销。

由此看出，发生危机前的房地产热和相关证券热并不是市场调节的结果，而是政府刺激经济的政策引起的，是政府干预失灵的结果。一是通过政府管制计划干预市场，影响银行的自主经营，银行不得不放弃原有的风险控制机制，发放所谓的"次贷"。二是以政府信用对"次贷"提供隐性担保，扰乱正常市场秩序。美国政府干预银行发放"次贷"的初衷是好的，但这样一来，整个金融体系就被打乱，市场纠错能力被禁止。买了这些债券的金融机构将其进行再次包装后卖出去，这个过程会发展到无比复杂的程度，以至于最有经验的银行家也禁不住诱惑，认为可以从中盈利。三是长期实行的低利率政策进一步放大了"次贷"窟窿。政府通过货币政策大放水，长期实行低利率政策。增加次贷的数量，使次贷制造出的财务窟窿迅速扩大。同时，长期低利率导致的通货膨胀掩盖了这一切，延缓了危机的爆发。然而，所有这些债券和金融衍生品的基础是那些很难收回的贷款，这就注定了危机迟早会爆发，而且破坏力巨大。

政府干预市场的目的在于弥补市场失灵，而非扭曲市场机制。恰到好处的政府干预可以延缓危机的发生或降低危机的破坏力；反之，如果政策失当，则会加速危机的产生或加剧危机的破坏性。政府对市场的干预应以弥补市场失灵为目的，修复并完善市场机制的自我纠错功能，以及其对经济的自我调节功能，而不是用非市场手段人为扭曲市场机制，破坏正常市场秩序。

次贷危机已经过去十多年，如何反思次贷危机，仍是我们面临的重要任务。次贷危机凸显的不仅仅是西方国家的经济危机和制度危机，它还是一场法律危机，更确切地说是一场法治危机。市场与法规、自由与法规并不是对立的，法规正是市场的基础结构，法规能促进自由。

国际贸易

◎ 国际贸易的四个作用

国际贸易是指国家与国家之间进行的商品、劳务和技术交换活动。国际贸易是一种世界范围内的交易行为，是各国之间分工的表现形式，反映了世界各国在经济上的相互依靠。

开展国际贸易，对企业发展具有极大的促进作用，主要有以下四个方面：

（1）促进企业生产效率的提高。企业开展国际贸易活动，是在一个复杂的国际竞争中进行的。因此，企业必须关注各国政治、法律、经济和文化等方面的问题，并根据国际环境的变化，制定和调整贸易规模、营销组合策略，利用国际贸易给企业带来更多的利益。企业积极谋求扩大出口，而获得的收入和剩余价值也将得到最有效的利用。从进口角度来看，技术和设备的进口将直接促进国内生产的发展和生产率的提高；从出口角度来看，出口规模的扩大能够使企业的收益上升，从而反过来刺激本国企业的产品和技术的创新，带动经济增长。

（2）促进企业利润的增加。企业利润的增加是指企业面对竞争而努力提高自身的效率，追求利润最大化。一国对外开放，参与国际贸易，实际上是把本国的企业纳入了与外国企业的竞争之中。

（3）促进企业产品周期的调节。从图2-5可以看出，产品周期的调节对企业的影响是非常大的。

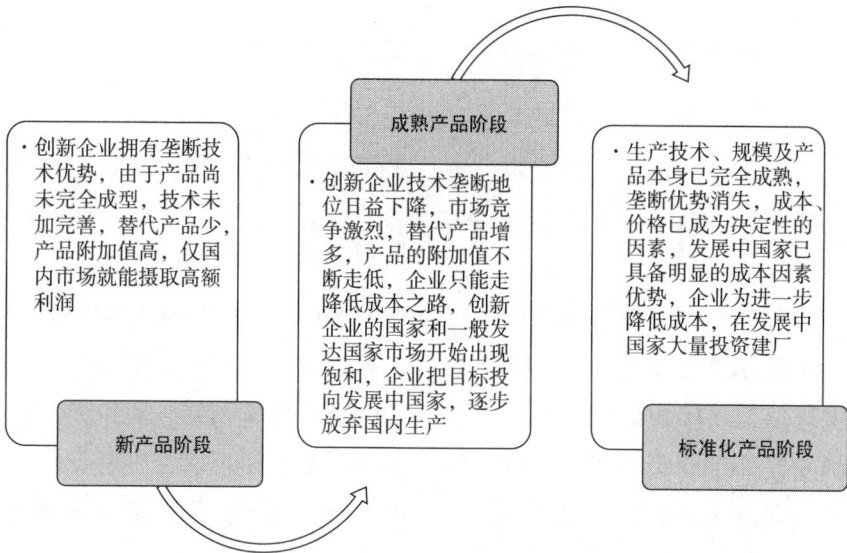

图 2-5　产品周期中企业国际贸易发展的选择

（4）促进企业规模的调整。企业要根据规模经济做出国际营销决策，调整产、供、销结构，向着国际市场良性循环的轨迹发展。规模经济是指在企业生产扩张的开始阶段，企业由于扩大生产规模而使经济效益得到提高。比如，国内外市场环境的变化对各国企业的市场观念和经营方法提出了更高的要求，规模经济产生规模经济效应，企业便可以扩大生产规模，更加专业化地进行产品的大规模生产。很多产品具有规模经济的特征，单位产品的成本随着生产规模的扩大而呈下降趋势。规模经济的取得使企业增强了竞争力，本国的消费者也会因此而获利。当生产扩张到一定规模以后，企业继续扩大生产规模，经济效益出现下降，即变成了规模不经济。只有企业生产增加的倍数大于成本增加的倍数，才能形成规模经济。显然，在国际贸易中，规模经济与否是企业变动自己的生产规模的结果。

◎ 贸易补贴——国际贸易离不开"特殊保护"

贸易补贴是指一国政府采用直接或者间接的方式向本国出口企业提供现金补贴、价格支持等财政资助政策，目的是支持本国企业的出口。

贸易补贴可以是直接的也可以是间接的。直接贸易补贴的方式一般通过税收等方式，比如免税，免税能够带来同税收相反的结果；也可以采用间接的贸易补贴方式，一般采取放宽信贷、廉价使用能源或允许企业免费使用基础设施等方式。补贴量可以与贸易量保持某一固定比例关系，即从量补贴；也可以与贸易值保持某一固定比例关系，即从价补贴。

此举有利于提高出口企业在国际贸易中的竞争力。但是，从另一个角度来看，贸易补贴又会使外国同类企业受到不利影响，容易导致不公平贸易竞争。

三国时期，魏、蜀两国在经济上无所不用其极地互相打压。为了打压魏国的小麦种植业，蜀国政府对本国的粮食外销免税，在暗地里对粮商进行财政支持，使得本国的小麦远比魏国自产的便宜。于是，魏国的国民便大量购买蜀国的面粉，这一行为几乎令魏国的小麦种植业崩溃。为了报复蜀国，魏国决定大力扶持本国的丝绸产业，由政府提供财政补贴，鼓励企业低价格地出口丝绸到蜀国，以打击蜀国的丝绸产业。魏、蜀两国对本国的小麦种植或丝绸产业相关企业的支持措施，就是不同形式的贸易补贴。

贸易补贴的形式主要有两种，即出口补贴和生产补贴。

出口补贴又称出口津贴，是指一国政府为了降低出口商品的价格，增加其在国际市场的竞争力，在出口某商品时给予出口商的现金补贴或财政上的优惠待遇。政府对出口商品提供补贴的方法有很多种，主要包括直接补贴和间接补贴两种基本形式。一是直接补贴，企业出口商品时，政府以现金补贴的形式直接付给出口商，以弥补出口商品的国际市场价格低于国内市场价格所带来的损失。有时候，补贴金额还可能大大超过实际差价，带有出口奖励的意味。二是间接补贴，指政府对某些商品的出口给予财政上的优惠，如退还或减免出口商品所缴纳的销售税、消费税、增值税、所得税等国内税，对进口原料或半制成品加工再出口给予暂时免税或退还已缴纳的进口税，免征出口税，对出口商品实行延期付税、降低运费、提供低息贷款、实行优惠汇率，以及对企业开拓出口市场提供补贴等，以降低商品成本，提高其国际竞争力。

政府为增强本国产品在国际市场上的竞争力，扩大出口，除采用出口补贴的方法外，还会直接进行生产补贴。生产补贴与生产税相反，指政府对生产单位的单方面收入转移，因此被视为"负生产税"，包括政策亏损补贴、粮食系统价格补贴、外贸企业出口退税收入等。

生产补贴与出口补贴最大的区别在于：政府提供出口补贴时，只对生产企业用于出口部分的产品给予补贴，而企业内销部分的产品是不能享受补贴的；但生产补贴是政府对整个生产企业给予补贴，产品无论用于外销还是内销，均可享受生产补贴。作为一项贸易政策，生产补贴不仅用于鼓励出口，还被各国经常用来保护本国的进口替代产业。

◎ 贸易壁垒（保护主义）是负和博弈

在经济学上，贸易壁垒也叫作贸易障碍，是指一国对进口商品和劳务进口所采取的各种人为限制。贸易壁垒一直是阻碍国际贸易顺利进行的障碍，许多国家为了发展本国相关产业，设置了诸多贸易壁垒，这对中国等对外贸易起步较晚的发展中国家的影响无疑是更为巨大的。特别是在持续的全球金融危机中，各国或地区经济体出台的大量贸易保护主义措施使国际贸易环境恶化，其中不乏特别针对中国的诸如反倾销、反补贴等措施。

贸易壁垒涉及的范围非常广，总体上可以分为关税壁垒和非关税壁垒两大类。

通常，使正常贸易受到阻碍，市场竞争机制作用受到干扰的各种人为措施，都属于贸易壁垒的范畴。比如，进口税或起同等作用的其他关税；商品流通的各种数量限制；在生产者之间、购买者之间或使用者之间实行的各种歧视措施或做法；国家给予的各种补贴或强加的各种特殊负担；为划分市场范围或谋取额外利润而实行的各种限制性做法，等等。

负和博弈是博弈局中人都得不到好处、两败俱伤的博弈。可以说，负和博弈是当事人最不明智的选择。

之所以会出现负和博弈，最根本的原因是博弈的各方为了各自的利益无法和谐共处，不能达成统一，于是就产生了严重的冲突和矛盾，谁也不想让步，结果大家就决定硬碰硬，可是这样做的结果是博弈的各方都遭受损失，本来想多占一些利益反而遭受了巨大损失，真的是得不偿失。因此当国家之间发生矛盾和冲突时千万不能太过冲动，应该先坐下来开诚布公地进行协商，看看有没有妥善的解决方法，最好是相互合作、相互妥协，让各方都能赢利。

◎关税保护、协定关税、报复性关税

关税是对从一个国家运到另一个国家的产品征收的税。关税可以用来保护国内各生产行业。也就是说，对进口的货物课征很高的关税，人们便不愿意付税进口，这样就保护了征税国生产的工农业产品。

关税和非关税措施是衡量一个国家市场开放度的主要标志。

从历史上看，关税有三种类型：转口税（过境关税）、出口税和进口税。其中进口税最为重要，其他两种关税实际上在 20 世纪内已经不再存在。

通常所称的关税主要是指进口关税。各种名目的关税也都是指进口税，例如，优惠关税、最惠国待遇关税、普惠制关税、保护关税、反倾销关税、反补贴关税、报复关税等。比如，报复关税是为了对抗他国对本国商品、船舶、企业、投资或知识产权的不利待遇，对从该国进口的商品所课征的一种惩罚性高关税。

征收进口关税会增加进口货物的成本，提高进口货物的市场价格，影响外国货物的进口数量。因此，各国都以征收进口关税作为限制外国货物进口的一种手段。适当地使用进口关税可以保护本国工农业生产，也可以作为一种经济杠杆调节本国的生产和经济的发展。但使用过高的进口关税，会对进口货物形成壁垒，阻碍国际贸易的发展。

进口关税会影响出口国的利益，因此，它成为国际间经济斗争与合作的一种手段，很多国际间的贸易互惠协定都以相互减让进口关税或给予优惠关税为主要内容。由于关税是通过市场机制调节进出口流量的，在目前阶段还允许以进口关税作为各国保护本国经济的合法手段，但世贸组织成员国的关税水平比之前大大降低。

关税对进口国消费者、政府等都会产生一定的影响。关税提高了进口商品的价格，增加了消费者的负担，一方面消费者的需求量不得不减少；另一方面消费者即使不用以较高价格购买进口商品，也要以较高价格购买本国同类产品。关税可以增加进口国政府的税收收入，这些收入是进口国政府提高关税的直接动力，但这些收入完全由本国消费者负担。关税保护了进口国国内的进口商品竞争部门。关税所带来的高价格，必然会使一部分消费者放弃进口商品转而选择国内同类商品，这将促进本国同类商品的销售。征收关税必然会使消费者的收入转移至生产者，征收关税后，生产者与政府的收入都增加了，消费者的收入减少了，而且消费者的损失要比本国生产者与政府所获得的收入还要多。可见，关税在一定程度上改变了资源在一国的再分配。

◎ 出口退税与出口免税，助力企业出口

出口货物退税，简称出口退税，其基本含义是指对出口货物退还其在国内生产和流通环节实际缴纳的产品税、增值税、营业税和特别消费税。出口货物退税制度，是一个国家税收的重要组成部分。出口退税主要是通过退还出口货物在国内已纳税款来平衡国内产品的税收负担，使本国产品以不含税成本进入国际市场，与国外产品在同等条件下进行竞争，从而增强竞争能力，扩大出口创汇。

一般退免税货物必须是属于增值税、消费税征税范围的货物，并且必须报关离境（出口到出口加工区的货物视同报关离境）；另外，货物必须已销售，还必须收汇。

国家规定不予退税的出口货物，应按照出口货物取得的销售收入缴纳增值税。对一般贸易、进料加工、易货贸易、补偿贸易等贸易方式，企业可以按规定办理退免税，易货贸易、补偿贸易与一般贸易退税的计算方式一致；来料加工免税。

出口免税是当外商投资企业在生产商品或购买商品后直接用于出口或委托出口时，国家给予其免征增值税和消费税的税收优惠。

从税收减免范围来看，出口退税涵盖的范围比出口免税更广，优惠程度比出口免税更高。在一定的情况下，出口退税可以完全消除出口产品承担的国内税收，而出口免税则仅仅是指免征货物在出口环节所应承担的增值税和消费税。

从税收减免方式来看，出口退税包括了对出口商品实行免税、抵税和退税三种方式，而出口免税则只采用免税的方式，且仅免除

货物在出口环节所应承担的税负，国内生产流通等中间环节的税负并没有免除。

从税收减免标准来看，出口退税所依据的标准是政府规定的出口退税率，针对特定商品的征税率和退税率可以不相同，出口免税则完全免去了出口货物应缴纳的税款，不涉及征税和退税标准。

◎ 倾销与反倾销

倾销是指出口商以低于正常价值的价格向进口国销售产品，并因此给进口国相关产业造成损害的行为。它有三个构成条件：产品以低于正常价值或公平价值（出口国或原产地市场销售价格、向第三国销售的价格）的价格销售；这种低价销售的行为对进口国相关产业造成了损害（实质性损害、实质性威胁和实质性阻碍）；损害与低价之间存在因果关系。

倾销主要有以下三种类型：一是偶然性倾销，是指把国内无法销售的剩余货物以低于正常价值的价格在国外市场抛售的行为；二是掠夺性倾销，是指低价销售，旨在打垮外国同业竞争者，然后提高价格的行为；三是长期性倾销，是指凭借着自身的垄断优势或者来自母国政府的出口补贴，长期以低于正常价值的价格在外国市场销售的行为，目的在于占有外国市场。

倾销对出口国、进口国和第三国都会产生危害。倾销对出口国的危害表现为：挤占出口国其他企业的海外市场份额、损害出口国消费者的利益、扰乱出口国市场秩序。倾销对进口国的影响表现为：阻碍进口国相应产业的发展、扭曲进口国市场秩序、威胁和抑制进口国产业结构的调整和新兴产业的建立。

倾销成立是进口国政府实行反倾销的必要条件。当进口国认为外国企业有倾销行为时可以发起调查，一旦证据确凿，进口国可以实施反倾销措施。主要做法是课征"反倾销税"——一种不超过倾销差价的特别进口税。进口国当局这种为了保护本国产业，对来自外国的倾销产品所采取的、旨在提高倾销商品在进口国国内市场的销售价格或限制进口数量的强制性措施就是反倾销。

开　放

◎ 贸易开放与经济增长

在封闭经济和开放经济两种经济运行环境下，货币政策的有效性有着很大的差异，经济开放度是影响货币政策有效性的一个十分重要的因素。一个国家实行经济开放政策，这个国家就会更加关注通货膨胀，因为国际贸易和国际资本流动与通货膨胀密切相关，并且汇率制度对通货膨胀有重要影响。在经济开放条件下，货币政策对经济增长、充分就业的影响力较小，甚至存在货币中性的倾向。经济的开放程度影响货币政策的效果。

不同的经济开放程度对一个国家经济总量波动和价格总水平稳定的影响不同，相应地，对一个国家货币政策的要求也有所区别。

当今世界，经济全球化深入发展的总趋势没有改变。随着对外开放的不断加快，我国已成为全球第一大货物贸易出口国和第二大进口国、吸引外资最多的发展中国家以及主要的对外投资国。数据显示，在履行世界贸易组织降低关税承诺方面，中国入世20年，关税总水平大幅降低，只有7.5%，远低于入世承诺的10%。

研究发现，长期内贸易开放与经济增长存在稳定关系，贸易开放比资本存量的增加对经济增长的促进作用更大；但短期内经济增长不受贸易开放的影响。政府应注重扩大贸易开放并保持开放政策的持续性，以发挥贸易开放促进经济增长的长期效应。

◎ 国际化经营——开放环境下需要企业内外兼修

近年来，中国政府把"走出去"作为一项基本政策，积极鼓励中国企业对外投资，并进行国际化经营。政府报告明确提出要"加快步伐走出去，增强企业国际化经营能力，培育一批世界水平的跨国公司"。

企业"走出去"进行国际化经营实质上是企业的经营视野、经营范围、管理水平乃至发展战略理念，真正摆脱了国内市场的局限而跨越国界的渐进发展过程。

中国企业的国际化经营已经从以早期的代工、出口贸易为主逐步转变为以对外投资为主。当前，企业唯有自身做大做强才可能拥有世界舞台上的话语权。因此，培养一批具有国际竞争力的企业与品牌，将企业"走出去"提升为国家战略已迫在眉睫，势在必行！

不能把国际化经营简单地理解为将企业的产品销售到国外市场，在国际市场中赚钱的过程。实际上，这只是企业走向国际化的一个方面。真正意义上的国际化应该是企业在全球范围内发现资源、利用资源和整合资源的过程，是一种资源配置方式的改变和突破。国际化经营的最终目的是企业通过资源配置的全球化，生产出低成本、高质量的产品，成为国际市场上具有强大竞争力的行业巨人。

华为和中兴在"走出去"的十多年中一直保持着高速发展，得到了国家的大力支持。中国不但没有对其加以限制，相反在税收、资金、出口政策等领域给予了一系列优惠政策。这使华为、中兴积极创新，抓住了宝贵的赶超机遇。两家企业经过十几年的拼搏发展，跻身世界电信制造商前列，树立了"中国制造"的新标杆。

中国企业走向世界的道路并不平坦。成本优势的消失、经营环境的不同、金融危机和政局的巨变都给中国企业的国际化经营造成了巨大的冲击，企业自身的不足也让众多企业在国际化经营中付出了高昂的代价，华为、TCL、上汽集团等企业都经历了异常艰难的国际化历程。国际政局的变化给中资企业带来的巨大损失，更让国内企业充分认识到了海外市场的凶险。中国企业需要内外兼修，不断努力适应国际环境的变化，进一步积累资源、积蓄力量，才能最终实现全球化经营，成为世界型企业。

经济全球化

◎ 经济全球化与全球化经济

世界经济是在各国市场经济基础上所构成的复合型的市场经济。自 20 世纪 90 年代以来，以信息技术革命为中心的高新技术迅猛发展，逐渐使得世界经济融为一个整体。经济全球化成为当前世界经济的重要特征，同时也是经济发展的重要趋势。

经济全球化是指世界经济活动超越国界，通过对外贸易、资本流动、技术服务而形成相互联系、相互依存的全球范围内有机经济整体的过程，也是一个以市场经济为基础，以先进科技和生产力为手段，以经济效益为目标，通过分工、贸易、投资和要素流动等，实现各国市场分工与协作并相互融合的过程。它推动了全球生产力的发展，促进了世界经济的迅猛发展，让更多国家从全球贸易之中获得利益，并逐渐发展壮大起来。

中国是经济全球化的受益者，也是贡献者。现在，作为世界上最大的发展中国家，世界第二大经济体，第一大贸易国，第一大外资吸引国，第二大对外投资国，中国将继续为世界做出理念贡献、机会贡献、制度贡献，成为推动实现新的全球化的先行者、实践者、引领者。

经济全球化发展的最终结果将形成一个"全球化经济"。之所以被称之为全球化经济，不仅在于其与"国民经济"的区别，还在于这一阶段世界经济的特殊性质——全球化是当代世界经济的本质。

世界经济不再只是各国国民经济的简单总和，也不只是各国国民经济的相互联系，而是一个新的经济体系。作为全球化经济，世界经济因为其全球化而有了自己特有的机制与规律。

◎ 全球化退潮，外贸企业如何做好自我"养生"

经济发展的历史表明，经济增长方式不是一成不变的。一个国家的经济可以繁荣好多年，而接下来也许就是一场经济衰退，甚至是一场金融危机。于是，经济的总产出下降，利润的实际收入减少，大批工人失业。当经济衰退逐渐跌落至谷底，便开始复苏，复苏的步伐可能快也可能慢，有可能恢复不到原先的经济状况，也有可能强劲得足以启动下一轮的经济扩张。

简言之，经济在沿着经济发展总体趋势的增长过程中，常常伴随着经济活动的上下波动，且呈现出周期性变动的特征。如图 2-6 所示。

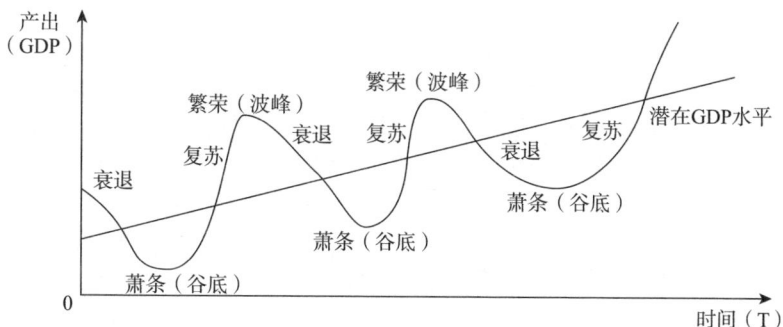

图 2-6 经济危机波动图示

在现代宏观经济学中，经济周期发生在实际 GDP 相对于潜在 GDP 上升（扩张）或下降（收缩或衰退）时，而不是单纯的总产出或者人均产出水平的上升和下降的交替过程。

过去，全球化分工，外贸企业坚持效率至上的原则。如今，在新冠肺炎疫情防控成为常态的前提下，外贸企业需要从效率至上的原则转变为效率和安全并重的原则。在此基础上，重新构建供应链，增强内生动力。国家需要补上全球供应链中可能是短板的核心环节，为外贸企业营造良好的"出口转内销"环境，为企业创造政策红利，提升内销效率。

经济危机

◎ 经济危机——市场经济的惩罚机制

经济危机是经济出现严重疾病的表现，在一定意义上，它是对人类经济行为的惩罚。比如，若经济增长速度太快，则出现的悬崖式下滑就是惩罚；若价格暴涨，则暴跌是惩罚；若投资太猛，产能过剩，东西卖不出去，出现大量积压、涨库，投资萎缩，这当然也是惩罚。

经济危机与人性利己自私有一定的关系，但这并不具有必然性。不能将经济危机归结于贪婪，这容易模糊人们对经济危机的真正认知。利己不能等同于贪婪，利己并不必然导致贪婪。你不能断定一家企业获得百万元利润不贪婪，获得千万元利润就一定贪婪。在市场经济条件下，个人、企业是独立自主的微观竞争主体，获得的利益与自身努力跟市场变化有关，利润的多少并不完全反映是否存在贪婪的问题。

在市场经济中，经济危机主要来自人们对经济形势误判产生的心理和行为失当，及其产生的连锁反应，这一连锁反应被称为"蝴蝶效应"。比如，对某种产品的需求，在价格上涨趋势下，引发心理预期发生变化，出现买涨不买跌效应，进而需求快速上升，导致出现投资过度、产品生产供应过度的情形，但是价格上涨到一个顶点后，需求不仅不再上升，反而出现暴跌的情形，引起产品积压、库存增多，影响资金的周转和货款、贷款的回收，供给与需求脱节，危机也就随之产生。

2007 年底，美国由次级贷引发的国际金融危机和经济危机，就属于心理预期改变出现的行为失当。先是面对房地产供不应求、价格上升的情况，消费者、投资者和银行形成这样的心理预期：买房者认为，房价上涨，贷款买房有利可图，即使贷款到期不能偿还，卖了房子不仅可以归还贷款，还有额外一笔收益；银行同样认为，即使债务人不能按期还贷，但有房子作为抵押，将抵押的房子卖掉，不仅可以收回贷款，利息收入也有保障。在这种心理预期驱使下，买房者不考虑偿还能力举债，银行放松贷款条件放贷，刺激了房地产业过度甚至恶性发展，一旦超过了市场最终所能承受的极限，房价一跌再跌，银行资金出现周转不灵、资金紧缺的情况，人们的心理预期就发生大的逆转，买房热情骤降，银行更加惜贷，投资者、房地产开发商极度恐慌，连累到钢铁、水泥等一系列相关产业，金融危机、经济危机不期而至。经济危机肯定是人们没有准确预料到、也是不愿意见到的现象，但是经济危机并不以人的意志为转移，它是对人们经济行为的惩罚，也是经济增长所付出的沉重代价。

引起经济危机的原因多种多样，地震、台风等自然灾害可能引发经济危机，内战、与他国的冲突或战争等会引发经济危机，市场经济的内在原因也会引发经济危机。对于由市场经济的内在原因引发的经济危机，很多时候是由金融混乱引起的。即使金融混乱不是主要原因，大多数情况下也会伴发金融危机。时至今日，由资产价格泡沫及其破裂引起的金融混乱仍在不断发生。在泡沫破裂之后，往往会出现巨大的社会和经济混乱。

经济周期是不可避免的，但经济危机是可以避免的。经济危机一般都是由错误的货币政策或者某个行业的逆转的正反馈引起的，比如 2008 年的金融危机和各国的房地产危机。

有人会问，中国为什么几十年来没有发生过经济危机？这就如同问一个人为什么从来没有生过大病一样。原因在于，这个人有良好的身体素质。中国在从站起来、富起来到强起来的过程中，练就了一副硬朗的身子骨。几十年来，我国经济规模不断扩大，综合国力不断提升，具有广阔的市场和充足的潜力，为外部风险和危机来临时及时有效地应对提供了有力的保证，这正是中国经济的韧性。正是这份韧性，成为我国在一定时间内防御经济危机的重要支撑。

◎ 换个角度看危机——经济危机的正面效应

事物都具有两面性，以二分法的观点来看，经济危机也是经济发展的促进因素。经济危机不可避免，我们需要科学、全面地认识经济危机。人类经济的发展过程包含增长、高涨、危机、萧条、复苏，是自行调节的发展过程，经济危机是经济周期性增长的一个阶段。

经济危机反映了市场经济的自我调节机制。投资过猛，经济过热，增长速度太快，需求难以支撑，必然会造成严重的经济失衡，危机不期而至。同时，这使人们纷纷做出反应，有意识地调整自己的经济行为，将应对经济危机的过程演变成为自行调节应变的过程。各经济主体自行调节的结果，是改变经济发展的严重失衡，力求实现经济危机状态的平衡。

经济危机是带强制性的优胜劣汰机制。竞争的过程，也是优胜劣汰的过程。在经济上升时期，投资需求旺盛，市场竞争虽然存在，但优胜劣汰的竞争不会太激烈。在经济危机期间，市场主体优胜劣汰的竞争更带有强制性，也异常激烈，甚至到了残酷的白热化程度。由于经济危机表现的经济严重失衡，有效需求极度萎缩，产品销售难度很大，借贷资本空前紧张，大多数企业经营的难度增大，必然会有相当一批企业面临破产倒闭的威胁。在一定程度上，经济危机中的竞争加剧、优胜劣汰，也是规律性现象。经济危机所导致的宏观经济失衡，必须通过大规模的优胜劣汰来重新实现平衡。

经济危机是破坏性的变革创新。每一次经济危机，人们都会痛定思痛，认真总结和深刻反思其教训，并采取新的行动。显而易见的，就是技术上的创新、制度性的变革以及固定资产设备的更新。市场竞争主体都会积极行动起来，寻找摆脱危机之策。其中就包含用新机器、新工艺、新技术、新思路、新办法等，减少经济危机带来的影响和损失。从政府角度来说，也有许多值得总结反思的地方。比如，美国由次级贷引发国际金融危机，面对购房者不考虑偿还能力盲目贷款的情形，面对银行过分放松贷款条件冒险放贷，政府的监管是否到位？是否在经济政策上有为了经济增长而增长、为了增加就业而就业的情况？政府有无乱作为、不作为问题？在制度层面是否也有应改进的地方？

◎ 金融危机的原因与对企业管理的反思

进入 20 世纪以来，随着世界多极化的发展、经济全球化进程加快、信息技术不断提升，国际金融市场以前所未有的深度和广度向前发展。这些变化一方面为世界各国经济的发展提供了更加优越的外部环境，另一方面也给各国金融领域的发展带来了一定的冲击。

从金融危机的发展趋势来看，危机的影响范围不断扩大，危机影响程度不断升级，在一些国家甚至演变成为政治危机。

金融领域的平和，建立在某些均衡状态的基础上。一般来说，它需要四种基本均衡：货币供求均衡、资金借贷均衡、资本市场均衡和国际收支均衡。这四种基本均衡状态被破坏到一定程度，就会爆发金融危机。

当这四种基本均衡关系被破坏到一定程度时，人们对货币币值、金融机构、金融资产价格、整体经济的信心就会急剧丧失。特别是出于对货币币值、金融机构和金融资产价格预期的恶化，人们会在短时期内采取一致的行动，譬如抢购消费商品、挤兑和抛售有价证券、抢购外币和资金外逃等，由此造成一系列大规模的严重后果：货币贬值、金融机构倒闭、资本市场崩溃和对外支付手段枯竭，从而对整个经济产生极为严重的损害。上述四种基本均衡之间具有密切的相关性。一种均衡关系被破坏到一定程度时，会诱发其他均衡关系出现严重失衡。而一种均衡关系保持比较牢固的稳定，也会对其他均衡关系的失衡倾向产生抑制作用。

分析产生金融危机的根源，可以将其归纳为两个方面：一是经济周期波动形成的经济危机；二是金融体系本身的内在脆弱性。在现代市场经济条件下，经济周期波动形成的经济危机中就孕育着金融危机。从历次经济危机爆发的情况来看，金融危机的爆发又具有超前的特点，它往往是经济危机爆发的导火索。金融危机的根源在于经济运行中所发生的问题。经济危机爆发时，会连带产生金融危机。

在当前金融风暴的严重冲击下，不同的企业有不同的命运：糟糕的公司在抱怨中消亡，普通的公司在逆境中艰难地经营，而优秀的公司会在变革中成长和壮大。因此，在经济发展的每个阶段，企业都要加强企业管理，规范企业管理，从而提高企业的核心竞争力。

首先，企业要根据情况的变化重新部署资金、资产、人力。注重在不影响企业经营长期健康的前提下降低成本，提高企业经营的灵活性。

其次，要练好内功，规范企业管理。金融危机对企业的攻击，永远不是以人们能够预料到的方式来袭击的，企业唯一能做的就只有苦练内功，提升自身能力，向管理要效益。金融危机中没有任何金融手段可以使企业获得完全的保障，企业要想生存发展下去，就要着眼于内部管理，就要着眼于提升企业的管理能力。加强企业内部或企业间的规范管理，提高沟通协作效率，降低企业管理运营成本，提升企业的管理效率与效益。

再次，调整策略，寻找机会。金融危机正是对企业管理者的考验，只有那些能够及时调整策略，独辟蹊径，随机经营的企业才能绝处逢生。在国际经济不稳定、国内经济发展减缓时，企业及时调整策略，方能在急剧萎缩和疲软的市场中争得一席之地。

总之，企业要发展，企业管理是关键，任何时候、任何发展时期，企业管理者都要认真审视企业内部各种存在或潜在的管理危机，导入新的管理理念，规范运营，调整战略，确定长远和清晰的发展方向，不能被动受制于外部大环境，更应主动出击，一旦时机成熟，即可迅速、及时发力，克敌制胜。

第三章

企业与政府：企业如何得到政府支持

政　府

❋ "看得见的手"——政府在市场经济中的作用

市场经济是由一只"看不见的手"（即市场）指挥的，但光靠这只手不能解决社会经济生活中的一切问题，必须由另一只"看得见的手"（即政府宏观经济调控或管理）进行协调，这只手的主导者就是政府。

"看得见的手"，是经济学所说的"看不见的手"的对称提法。在现代市场经济的发展中，市场是"看不见的手"，而政府的引导被称为"看得见的手"。

市场经济具有自发性和利益性，这使市场主体常常出现非理性的行为，经济发展的周期波动也会在各种因素的影响下干扰市场，甚至极大地破坏市场的平衡和稳定，导致"市场失灵"，阻碍经济发展。为了克服"市场失灵"和"政府失灵"，人们普遍寄希望于"两只手"的配合运用，以实现在社会主义市场经济条件下的政府职能的转变。

市场失灵情况的存在，使得政府在市场经济中的作用不可或缺。这只"看得见的手"可以有效地防止和减少市场失灵，甚至在必要的情况下部分取代市场的作用，达到维护市场秩序、促进经济发展的目的。

政府如何行使它的职能呢？要求公民纳税、遵守规定和消费一定数量的公共品和服务，是运行一个政府职能的基本活动。因为具有强制权力，政府能够行使一些在自愿交换条件下无法实现的职能。

在强制减少纳税人或被管制企业的收入和机会的同时，政府能够增进其他人或企业的自由与消费。在各种政府职能中，政府对于市场经济所行使的职能主要有三项：

（1）政府通过促进竞争、控制诸如污染这类外部性问题，以及提供公共品等活动来提高经济效率。

（2）政府通过财政税收和预算支出等手段，有倾斜地向某些团体进行收入再分配，从而增进公平。

（3）政府通过财政政策和货币政策促进宏观经济的稳定和增长，在鼓励经济增长的同时，减少失业和降低通货膨胀。

政府在市场经济的汪洋大海中应当坚持"掌舵人"的地位，充分调动和发挥市场参与各方"划桨人"的积极性，通过政策规划和宏观调控，引领国家这艘大船沿着民富国强的航线破浪前进。

◎ 政府职能——该软则软，该硬则硬

一个正常的政府，对待市场经济秩序，既不能总是强硬，也不能一味软弱。太强硬，靠暴力来维护经济秩序，依赖军队镇压的"大棒"，搞不好经济。弱势的政府，没有权威性，反政府武装与黑社会横行，市场秩序混乱，也谈不上经济发展。因而，政府职能的实现，需要软硬兼施，该软则软，该硬则硬。

什么是"硬"，即采取的手段是强制性的，企业理解也要执行，不理解也要执行，没有讨价还价的余地。"软"是经济政策，政策只有引导作用，没有强制性。

政府实现其职能主要通过三种手段来实行：

（1）立法和管制。市场经济必定是法制经济，立法保证社会的正常秩序，规范人的行为标准，处理经济活动中的各种利益冲突。对市场经济来说，最核心的立法有两类，一类是保护私有产权的，

另一类是反垄断保护公平竞争的。我们把立法称为政府硬的一手，因为立法具有强制性。法律一旦颁布后就必须无条件执行。管制是政府用行政手段干预市场经济的运行，干预企业和个人的决策以达到社会利益的目的。它不同于立法，但管制是根据立法制定的，并由政府实施，也是一种强制性的硬性手段。企业和个人总是从自己的利益最大化的角度来进行决策，但有些决策并不一定符合社会的整体长期利益，因而政府必须站在全社会的角度来对这些行为进行干预。政府管制大体分为四种类型，包括价格管制、进入管制（资格管制和数量限制）、环境管制和进出口管制。管制对社会和企业具有不同的影响，大多数的管制都有双重性。例如，价格管制可以保护低收入者，但破坏了市场机制的作用；环境限制在保护环境的同时，也增加了企业的成本，削弱了竞争力。进口管制保护了参与国外竞争的企业，但不利于出口行业。对管制来说，无论是对还是不对，企业只能适应，无能力改变。

（2）经济政策属于软约束。它是用经济手段引导个人和企业的行为，并不具有强制性。微观经济政策主要针对个别人、个别企业、个别行业或个别地区，目的是为了实现效率和公正，如税收政策、产业政策、地区发展政策等。宏观经济政策的目的是为了实现稳定和增长，主要针对整个经济，如财政政策、货币政策、对外经济政策等。

（3）软硬兼施，从管理转向服务。政府的目的是要为企业的运行创造一个良好的环境，从而有利于整个经济的发展。没有硬性政策，社会秩序混乱，企业就无法发展。但是，政府所用的手段太硬，就失去了灵活性，限制了企业的主动性和创造性。这正是政府行使自己的职能时要软硬兼施的原因，而且所有的手段都应该有法可依，按一定的规则运用，尤其是要从管理转向服务，为企业创造良好的生存环境。

宏观调控

◎ 宏观调控——市场失灵时政府的作用

宏观调控是我国政府管理经济的一项基本战略，是国家为了实现一定的经济发展目标和战略任务，运用计划、法规、政策等手段，对经济运行状态和经济关系进行干预和调整，把微观经济活动纳入国民经济宏观发展轨道，及时纠正经济运行中偏离宏观目标的倾向，以保证国民经济的持续、快速、协调、健康发展。

原因在于，市场调节不是万能的。有些领域不能让市场来调节，有些领域不能依靠市场来调节。即使在市场调节可以广泛发挥作用的领域，市场也存在着固有的弱点和缺陷，包括自发性、盲目性、滞后性。通过宏观调控，有利于帮助人们认识市场的弱点和缺陷，保证市场经济健康有序的发展。

市场在资源配置中起着决定性作用，这是解放市场、解放生产力的必要举措。只有市场更有活力，经济才能可持续发展。政府要按照经济发展的历史规律，解放市场，给予市场足够大的自由度，在经济正常运行的情况下，政府不参与、不干预微观经济，将微观经济的运行细节交给市场本身，这样市场才能调动各种生产要素的生产积极性，可持续地发展经济。

政府也不能因为不参与、不干预微观经济而对经济运行置之不理，对市场监管缺位，而应依法制定市场规则，规范资本活动空间。否则，市场就成了唯利是图、毫无规则的混乱市场，资本就会过于趋向短期利益搅乱宏观经济。因而，政府应该执行市场运行的游戏规则，规范资本正常、合理的活动范围，对市场活动、资本运行实施必要的监管。引导发展方向和趋势，引导资本合理流动。

（1）研判国内、国际经济的发展方向和趋势，探寻未来经济的发展空间和增长点，并通过政策推动资本向相关方向和趋势发展。

（2）要在国家层面和民间层面同时刺激资本的创新动力，譬如，用国家资金刺激国家机构和民间科研机构的创新，可以加速推动国有资本在国家战略层面和领域的创新，用创新能力吸引更多资本的投资，从而推动新产业的发展。

（3）在宏观调控层面，政府不能跟着市场走，而要不断寻找国际国内潜在的增长点和发展机会，并将资本引导至这个方向，促进经济可持续发展。

（4）调控要做到内外兼顾，因势利导，趋利避害。要将国际经济形势、发展趋势、其他大国政策趋势研判清晰，再结合国内经济形势和发展方向，做出最佳的调控选择。

◎ 经济发展战略——指明企业前进的方向

经济发展战略也被称为经济社会发展战略，是指一个国家或地区对其较长时期内关于国民经济和社会发展的总目标以及部署实现这一总目标所做出的总体谋划和决策。

美国经济学家赫希曼在其《经济发展战略》一书中，较为系统和全面地论述了经济发展战略，这本书后来也成为研究经济发展战略的经典之作。

经济发展战略是国家战略的核心。一个国家的整体发展战略是站在全国高度，对各行各业所做出的全局性指导，其必然涉及政治、经济、文化、社会等各个方面。如党的十一届三中全会后，我党提出了"要把我国建设成为富强、民主、文明的社会主义现代化国家"的宏伟战略目标，这就是一个典型的国家战略。经济发展战略是国家整体战略中最重要的一环，经济发展战略是国家整体战略的基础和核心，对社会发展起着决定性作用。国家整体战略又对经济发展战略的制定起着指导作用。

经济发展战略通常包括三个基本组成部分：

（1）制定战略的实际依据和理论依据。要考虑本国的经济、社会、科学技术、教育、文化等的历史和现状，并明确所遵循的基本指导思想和重要指导原则。

（2）提出在一定时期内拟实现的综合的、概括的总体目标和在某些方面比较具体的目标。

（3）提出实现战略目标的途径和手段。包括战略重点、实施步骤、力量部署、重大政策措施等。

经济发展战略有不同层次和不同范围，一个国家、一个部门、一个地区、一家企业，都可以有自己的经济发展战略。下一层次或较小范围的经济发展战略是上一层次或较大范围的经济发展战略的组成部分，其中最重要的是全国性的宏观经济发展战略。

◎ 相机抉择——政府要因势利导

印度诗人泰戈尔讲过一个有趣的寓言故事：

有一对爷孙骑驴去赶集，爷爷骑在驴上，孙子跟在后面走。而过往的路人都责备爷爷不疼爱孙子，于是爷孙俩只好调换了位置。但接下来过往的路人又责备孙子不孝敬爷爷，爷孙二人没办法，只得都骑上驴。之后过往的路人又开始责备他们虐待驴，爷孙二人只好都从驴身上下来走路。后来，又有路人发出感叹，爷孙二人有驴不骑，实在是太笨了。到最后，爷孙二人的选择就只剩下抬着驴走了。

这个故事告诉我们一个道理，人们在做出决策的时候，往往会面临多重选择，不能决断。政府在对宏观经济进行调控的时候，有时也会陷入两难境地。这时，政府就应根据市场情况、各种调解措施的特点，机动灵活地选择一种或几种政策措施。这就是经济学中的相机抉择。

相机抉择是指政府在运用宏观经济政策进行管理和调节经济运行时，根据市场情况和各项调节措施的特点，因势利导，机动地决定和选择当前究竟应采取哪一种或哪几种宏观经济政策措施。

相机抉择是相对于单一规则而言的，前者是"权变"，后者是"恒定"。这两种原则各有优缺点，确实难以权衡。相机抉择最早是由经济学家凯恩斯提出的。他认为，经济生活犹如闸门，政府作为"守闸人"，应时刻关注"河流"的荣枯情况，相应地关闭或开启"闸门"，从而达到平衡货币供求、缓解经济波动的目的。实行"相机抉择"的目的是熨平经济波动或经济周期，保持宏观经济运行的稳定性。

货币政策

◎ 货币政策——宏观经济调控的右手

货币政策是一国宏观经济调控的重要手段之一，它的政策重点是通过货币供给量调控的手段，对一定时期的货币信贷供应量施加影响，再通过货币信贷供应政策调控影响利率、汇率等政策变量，以此影响投资消费支出等经济变量，并最终影响国民经济产出量和物价通货膨胀等状态。

货币政策的这种调节功能是一种宏观经济的调控手段，是一国经济稳定、持续、健康发展的主要保障。

货币政策的传导机制在于中央银行通过调节货币供应量，影响利息率及经济中的信贷供应程度来间接影响总需求，以达到总需求与总供给趋于理想的均衡的一系列措施。

货币政策的内容主要包括信贷政策、利率政策和外汇政策。信贷政策是中央银行为调控货币与信用总量及结构而采取的一系列方针和措施的总称。利率政策是中央银行为调控利率水平、利率结构及利率波动而采取的一系列方针和措施的总称。外汇政策是中央银行为调控外汇总量、汇率波动、国际资本流动和国际收支而采取的一系列方针和措施的总称。

中央银行的货币政策作为国家重要宏观经济政策之一，其最终目标与国家宏观经济目标是一致的，即经济增长、稳定物价、充分就业和国际收支平衡。

在我国，货币政策可分为宽松的货币政策、适度宽松的货币政策、稳健的货币政策、适度从紧的货币政策和从紧的货币政策。其中，宽松的、适度宽松的货币政策又被称为扩张性货币政策，是指通过增加货币供给来带动总需求的增长；货币供应量较多地超过经济正常运行对货币的实际需求量，其主要功能在于刺激社会总需求的增加；货币供给增加时，利率会降低，取得信贷更为容易，因此经济萧条时多采用扩张性货币政策。

从紧的、适度从紧的货币政策又被称为紧缩性货币政策，是指中央银行通过削减货币供给来降低社会总需求水平，即当总需求大于总供给，经济增长过热，形成通货膨胀的压力时，中央银行通过紧缩银根，减少货币供应量，以抑制总需求的膨胀势头。稳健的货币政策是指货币政策介于宽松和从紧之间的一种中间状态，根据经济变化的征兆来调整政策取向：当经济出现衰退迹象时，货币政策偏向扩张；当经济出现过热时，货币政策偏向紧缩，最终反映到物价上，就是保持物价的基本稳定。

◎ 货币政策传导——发挥货币政策的作用

货币政策在开始实施和达到最终目标之间有一个内在的机制在起作用，这个机制被称为货币政策传导机制，即从货币政策工具选定、操作到金融体系货币供给收缩或扩张，再到中介目标发挥外部影响亦即对总支出发挥作用的各个环节相互之间的有机联系及因果关系。当前，我国货币政策传导机制为中央银行—金融市场—金融机构—企业，建立了货币政策工具—操作目标—中介目标—最终目标的间接传导机制。如图 3-1 所示。

货币政策目标是指中央银行制定和实施某项货币政策所要达到的特定的经济目标，一般包括最终目标、中介目标和操作目标。

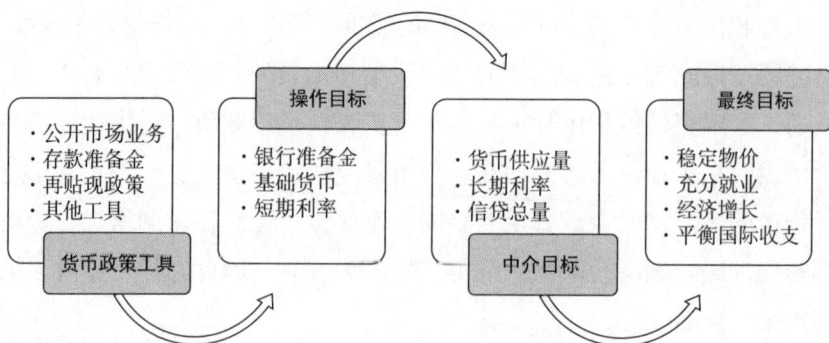

货币政策工具	操作目标	中介目标	最终目标
·公开市场业务 ·存款准备金 ·再贴现政策 ·其他工具	·银行准备金 ·基础货币 ·短期利率	·货币供应量 ·长期利率 ·信贷总量	·稳定物价 ·充分就业 ·经济增长 ·平衡国际收支

图 3-1　货币政策的传导过程

货币政策的最终目标是指货币政策的制定者所期望达到的、货币政策的最终实施结果，是中央银行制定和执行货币政策的依据。我国货币政策的最终目标是"保持货币币值稳定，并以此促进经济增长"。

货币政策的中介目标是指处于货币政策的最终目标和操作目标之间，中央银行在一定时期内和某种特殊的经济状况下，能够以一定的精度达到的目标。货币供应量是我国重要的中介目标；同时，社会融资规模也成为重要的参考指标。货币政策的操作目标是指中央银行每日都会密切控制，但又不直接使用的政策工具变量。

在实践操作中，中国人民银行从未公开讨论和正式确立过货币政策的操作目标，但在货币政策的日常操作中会监测两项指标：一是超额准备金率，二是货币市场利率水平。前者反映了基础货币的量，后者反映了基础货币的价。

伴随着我国金融市场的发展，越来越多的经济主体参与金融市场的交易活动，金融市场将在我国货币政策的传导过程中发挥越来越重要的作用，我国的货币政策传导机制也会越来越复杂和多元化。

◎ 利率政策——经济调控的第二根杠杆

由于经济发展水平和社会环境不同，不同的国家采用了不同的利率政策。

利率政策是货币政策实施的一种主要手段，是中央银行调整社会资本流通的手段，央行适时运用利率工具，对利率水平和利率结构进行调整，进而影响社会资金供求状况，实现货币政策的既定目标。

合理的存款利率政策有利于银行吸收存款，集聚社会资本；在一定程度上调节社会资本的流量和流向，从而导致产品结构、产业结构和经济结构变化；可以刺激和约束企业的筹资行为，促进企业合理筹资，提高资本使用效益。

在使用利率政策时要考虑它的利弊，在什么时间、用什么幅度调整都是有规律的。利率与通货膨胀率预期之间有一个规律，这个规律是由欧文·费雪发现的。费雪发现，假如银行储蓄利率有5%，某人的存款在一年后就多了5%，这说明他富了吗？这只是理想情况下的假设。如果当年通货膨胀率3%，那他只富了2%；如果是6%，那他一年前100元能买到的东西现在需要106元了，而存了一年的钱只有105元了，他反而买不起这件东西了！这个发现被称为费雪效应的通俗解释。它表明，当通货膨胀率预期上升时，利率也将上升。

实际利率＝名义利率—通货膨胀率

政府行为可以外在地去改变利率，从而影响市场投资需求。政府干预利率形式有：促进金融深化、降低金融业授信的运营成本、降低社会风险管控标准（扩大名义货币供给量）、直接干预利率。

现代经济通常都把利率作为需求管理的重要手段，我们有理由对均衡利率进行干预，使之在新的水平重新达到均衡，促进充分就业、物价稳定的经济目标实现。为保持利率的相对稳定，需要对利率进行干预。利率的剧烈波动带来的不确定性往往对经济产生不利影响，因而中央银行通常采取措施保持利率的相对稳定。此外，政府干预利率还有一个理由，即防止利率过高从而出现高利贷。但要注意把高利贷和高利率借款区分开来。

◎ 金融管制——开放经济下的中国需要金融管制

金融管制是政府管制的一种形式，是伴随着银行危机的局部和整体爆发而产生的一种以保证金融体系的稳定、安全及确保投资人利益的制度安排，是在金融市场失灵的情况下（如脆弱性、外部性、不对称信息及垄断等）由政府或社会提供的纠正市场失灵的金融管理制度。

从这一层面上来看，金融管制至少具有帕累托效率，它可以提高金融效率，增进社会福利。但是，金融监管是否能够达到帕累托效率还取决于监管当局的信息能力和监管水平。如果信息是完全并对称的，并且监管能完全纠正金融体系的外部性而自身又没有造成社会福利的损失，就实现了帕累托效率。

关于完全信息和对称信息的假设，在现实经济社会中是不能成立的，正是这一原因形成了引发金融危机的重要因素——金融机构普遍的道德风险行为，造成金融监管的低效率和社会福利的损失。

为什么会出现金融管制呢？金融市场中的信息不对称是金融管制存在的首要原因。如果交易者占有不对称的信息，市场机制就不能达到有效的资源配置。金融市场中信息不对称主要体现在金融机构与金融产品需求者之间的风险识别和规避上。

金融管制可以较有效地解决金融经营中的信息不对称问题，避免金融运行的较大波动。金融市场难以实现完全自由竞争。作为金融创新主体的金融机构总是从自身微观的利益出发去考虑问题，这就决定了其在决策时不可能充分考虑到宏观利益所在，甚至为追求自身利润的最大化往往可能实施一些规避管制的违规冒险行为，同时为了防止加大经营成本，更容易忽视对操作程序的规范和监控，从而影响其对风险的防范与控制能力。

金融管制在一定程度上会直接制约金融企业和机构的运营，降低金融企业的效率，进而影响金融资源的配置效率。但如果金融市场缺乏足够的约束，也会导致金融市场的混乱和无序，而金融市场中的产品又是一种不同于实体经济的虚拟产品，如股票、期权、资金和其他权证等，一旦金融市场发生经营的无序和混乱，其产生的危害必然非常严重。

◎ 银行准备金率——存款准备金率上调或下降对企业的影响

提到银行存款，那么就不能不提到银行的准备金率，什么是银行准备金率呢？

存款准备金率一般指央行根据国家的规定，要求各大商业银行将一定比例的存款放于央行的金额，从而来控制商业银行的贷款，它会规定缴存的比例，该比例就是准备金率。准备金一般包括两部分，一是根据法定的存款准备金率来提取，就是法定准备金；二是超过法定以外的准备金，被称为超额准备金。

这是什么意思呢？我们把钱存入银行，银行不能把这些钱全部贷出去，因为我们随时有可能再到银行取我们自己的存款，银行留的这部分货币叫准备金。现在我们来看银行是怎样把钱创造出来的。

例如，我国 2007 年 3 月的法定准备金率是 10%，一个储户将 1000 元存入中国工商银行，工商银行必须把 100 元留下来交给中央银行——中国人民银行，它只能贷出去 900 元。有一个人正好去工商银行去借 900 元买一台录音机，到了商场他把 900 元交给柜台，这家商场又把这 900 元存入它的开户银行——中国农业银行，当农业银行收到这笔钱时他不能把这 900 元全都贷出去，必须把其中的 90 元上缴中国人民银行，他只能贷出 810 元，这时正好有一个人想买一台复读机，去农业银行借钱，当他借到 810 元后，去商场买到复读机，这家商场又把这 810 元送到他的开户银行——中国建设银行。建设银行接到这笔钱后还要把法定准备金的 10%（81 元）交给中国人民银行，它只能贷出 729 元。

如此下去，储户的 1000 元存款通过银行系统不断的存贷过程，最后变成多少钱呢？银行新增存款是 10000 元。通过这个例子你就可以知道钱是如何从银行创造出来的。

在上述案例中，中国人民银行并没有多印钞票，这是银行通过信用活动创造出来的钱。现代社会经济是一环一环扣在银行身上而加速运行的。当有一天大家都不到银行存钱，或把钱从银行取出来放到自己床下藏起来，那整个经济的链条就断掉了。

存款准备金率的提高会直接导致投放到社会的信贷总量减少，从而减少流动中的钱，对投资过热起到预防作用。对企业来说，资金投放到社会上的总量减少后，会直接导致存款、利率预期上升，贷款成本升高，企业的直接经济行为就会受到影响。对证券市场来说，准备金率的调整会直接导致进入股市的资金减少，从而使股市朝着健康、良性的方向发展。央行连续上调金融机构存款准备金率，表明了央行进一步收紧货币及投资增速的政策导向以及巩固调控目标的决心。

财政政策

◎ 财政政策——宏观经济调控的左手

宏观经济政策按照其调控对象的不同可分为需求管理政策、供给管理政策和收入政策。财政政策和货币政策是市场经济国家进行需求管理的两大基本政策。

财政政策主要通过国家预算、税收、补贴、赤字、国债、收入分配和转移支付等手段对经济运行进行调节，以促进经济稳定增长、有效配置资源和收入的公平分配等。

财政政策主要包括财政收入和财政支出政策，这两个方面又可以分为扩张性财政政策和紧缩性财政政策。根据各个历史阶段的特点，我国实施了"促进国民经济调整的财政政策""紧缩的财政政策""适度从紧的财政政策""积极的财政政策""稳健的财政政策"等。

扩张性财政政策（又称积极的财政政策）是指通过财政分配活动增加和刺激社会的总需求。在一定程度上，实施积极的财政政策是保持经济能够平稳较快发展，特别是应对国际金融危机的需要，主要措施有增加国债、降低税率、提高政府购买和转移支付。

在经济过热的情况下，紧缩性财政政策（又称适度从紧的财政政策）和货币政策将使得经济受到控制，从而使证券市场降温。紧缩性财政政策是指通过财政分配活动减少和抑制总需求，主要措施有减少国债、提高税率、减少政府购买和转移支付。

当经济发展放缓，特别是抵御国际经济不利环境，扩张性财政政策和货币政策的放松将刺激经济发展，也有望促使证券市场走稳。

中性财政政策（又称稳健的财政政策）是指财政的分配活动对社会总需求的影响保持中性。另外，国家为刺激企业投资增长，也采取税收政策来调节。

总体上说，财政政策的特点是"逆经济风向行事"，即在经济高涨时期对其进行抑制，使经济不会过度高涨而引起通货膨胀；在经济萧条时期则对其进行刺激，使经济不会严重萧条而引起失业，从而实现既无失业又无通货膨胀的稳定增长。

目前，我国财政政策工具主要有国家预算、税收、国债、财政补贴、财政投资等。

◎ 财政赤字——财政赤字的经济效应

财政赤字是财政支出大于财政收入而形成的差额，由于会计核算中用红字来处理，所以称为财政赤字。相反，政府收入大于支出所形成的差额就是财政盈余。

在世界范围内，很多国家都面临财政赤字问题。事实上，财政赤字也并非一无是处。当居民消费不足时，通常情况下政府就会加大投资，以刺激经济增长，这种财政赤字具有一定的积极作用。不过，长期的财政赤字也会对国民经济造成巨大负担，影响经济发展和人们生活水平。

在国际上，有两条衡量财政赤字的警戒线：

（1）财政赤字占国内生产总值的百分比不能超过3%，如果超过的话政府就会出现财政风险。

（2）财政赤字占财政总支出的百分比不能超过15%，一旦政府的钱不够花，政府就会通过发行国债的方式来解决赤字问题，但是借债不能超过这个百分比。如果超过，就意味着赤字太严重了。

面对财政赤字，世界上很多国家采用发行国债来解决问题。政府发行国债，一方面促进国家经济增长，另一方面用国债投资赚回的资金将国债还清。事实上，政府要还的这些债务，最后还是让每一个纳税人偿还。如果这一代纳税人上缴的税收不够，下一代纳税人还要接着去还。

财政赤字对经济的影响主要取决于财政赤字的弥补方式，不同的弥补方式对经济运行的影响不同。关于财政赤字对经济的影响，人们的认识一直存在较大的分歧。在西方经济学界，凯恩斯主张的赤字财政观点占上风。我国改革开放以来，连年赤字成为资金供需矛盾和利益分配摩擦的缓冲器，客观上对社会经济发挥了正面积极的作用。

◎ 财政补贴——政府对企业的财政补贴应量力而行

国家对发展至关重要的产业实行财政补贴政策，这对一些产业的发展起到强力的支撑作用。

财政补贴又称为"负税收"，是国家为了特定的政治、经济和社会目标，在一定时期内向企业和居民个人提供的无偿补助。从国家的角度来看，财政补贴实际上是将纳税人的一部分收入无偿地转移给受领者，构成税收的逆向运动；从领受者的角度来看，意味着实际收入增加，经济状况得到了改善。

通过财政补贴政策的实施，可以保证这些产业在国民经济中的优势和主导地位，提高这些产业的国际竞争力，促进研发能力的上升；也可以保证一些行业受到来自自然或者市场方面的冲击，获得相对稳定的收益，保证这些产业稳定发展。在农业方面，如种粮直接补贴，购置良种、农机具、化肥、农药等的补贴，以及"彩电下乡"等，还有为加快可再生能源发电产业的发展，对太阳能发电、生物质发电、风力发电等产业实施价格补贴等。

　　财政补贴在补与不补以及补多补少的决策中，必然会影响到要素的相对价格，由此产生两个方面的经济效应，即收入效应和替代效应。公共财政补贴的收入效应是指因政府的财政补贴支出改变了国民收入原有的分配结构，使得一部分企业或个人的收入相对增加，从而有能力购买更多的商品和劳务，以保持一定的收入和消费水平。公共财政补贴的替代效应是指因政府的财政补贴改变了相对价格体系，在补贴品可以替代的情况下，人们倾向于购买更多的补贴品，相对减少对其他商品的购买量；或者生产者倾向于生产更多的补贴品，相对减少其他商品的生产量。

◎ 减税降费——减少企业经营成本，激发企业活力

　　对生产制造等企业来说，其积极影响主要有：通过增值税下调、小微企业税收优惠、研发费用加计扣除比例上调这些税收优惠对企业产生积极影响。增值税税率下调直接惠及大多数行业及企业，直接减轻了企业的负税压力，让企业能够拥有更多投入生产建设的流动资金，从而减轻企业的资金负担，增强企业活力。减税降费不仅让企业从直观上拥有更多资金，同时也让企业能够有效地实现生产建设的成本管控，让成本实现大幅度下降，从而降低产品或服务的售价，进而在市场竞争中取得更大的竞争优势，为企业获取更多经济收益创造条件。资金的充裕也能让企业有效实现对再生产的资金投入，帮助企业更好地适应市场的新变化与新需求，更好地满足消费者日益多元化的消费需求，更好地实现产业转型与产能升级，更好地助推企业获得长远发展。减税降费不仅包括针对企业本身的税费调整与税率下调，还在更大范围内表现出了对企业降费的决心，如降低包括行政事业性收费、五险一金、政府性基金、经营服务性

收费以及工程建设保证金在内的多种项目收费标准，进一步为企业降费减负。而随着各项收费标准的降低，企业不仅节省了更多资金，同时也提升了经营生产的信心与积极性，增强了企业的整体活力。

对小微企业来说，其积极影响主要有：针对小微企业出台了专门的税收优惠政策，不仅在认定标准上大幅度放宽了小微企业的认定、简化了认定程序，同时也大幅度加强了小微企业的企业所得税优惠力度，在税率大幅下调的同时，对符合条件的地区，允许政府对小微企业进行"六税加两附"最高50%的减半征收。"六税"是指资源税、房产税、城镇土地使用税、城市维护建设税、耕地占用税、印花税，"两附"是地方教育附加以及教育费附加。而如果原本就已享受部分减免优惠的，则可以在减免基础之上再次叠加继续享受新税收优惠。这对普遍存在资金困难的小微企业的建设发展来说，无疑是一剂强心剂，大大增强了小微企业的生产经营积极性与市场竞争活力，使小微企业逐渐拥有与一般规模企业一争高下的能力与信心。

国家对科技创新始终保持高度的重视与关注，在减税降费上直接针对科技创新企业进行了税率调整与征收调整。首先，将研发费用加计扣除比例上调至75%，大幅度减轻了科技创新企业在产品研发、技术研发方面的资金压力，为研发工作顺利推进提供了更多推动力。其次，为了在更大范围内激发企业的科技创新意识、提升科技创新行动力，还将原本限于科技创新企业的研发费用加计扣除计税方式延展到其他从事科技研发的企业当中，让更多企业能够更加积极且高效地开展技术研发工作。此外，在创业投资企业以及天使投资人个人税收范围内推行了力度更大的税收优惠，并将高新技术企业以及科技创新型小微企业的亏损结转年限再次延长，切实保障了科技创新企业、小微科技企业的生存与发展。

◎ 政府预算与企业预算的差异

政府预算泛指中央政府和各级地方政府的预算。政府预算是具有法律规定和制度保证的、经法定程序审核批准的、具有法律效力的政府年度财政收支计划。

不同于企业预算，政府预算是具有法律效力的文件，政府的预算编制和执行过程必须在法制范围内进行。政府预算的法制化表现为政府预算的级次划分、收支内容、管理职权划分等均以立法的形式加以规定，预算的编制、执行和决算的过程必须在法律规范下进行，政府预算编制形成后必须经过国家最高立法机关或各级机构审查批准后才能公布并组织实施。比如，西方国家必须通过议会的审查批准，在我国必须经过全国人民代表大会或各级人民代表大会的审议批准；预算的执行过程必须受法律的严格制约，不经法定程序，任何机构和领导人都无权改变预算规定的各项收支指标，从而使政府的财政行为法制化，财政的管理过程被置于社会公众的监督之下。

企业预算与政府预算之间的主要区别是预算运行的组织环境发生了变化，但通过预算追求资源使用效率的本质没有变化，因为无论是营利性组织还是非营利性组织，所使用的资源都是稀缺的，都存在最小化投入、最大化产出的动力和压力，只是不同类型的组织产出的形式不同而已。早期的企业预算主要模仿政府预算的实践和方法，比如，预算直接由高层管理者制定，其主要功能就是控制，但逐渐地，企业预算逐渐脱离政府预算转向多功能发展。

政府预算的主体是各级政府。各级政府作为全体委托人——纳税人的代理人，以提供公共产品为依据，依托公共权力组织提供公共产品和公共服务，为此，必须就政府活动所需的收支做出安排，即以部门预算的方式承担预算的编制任务，然后按批准后的预算履行其职能。

税　收

◎ 依法纳税，人人有责——税收是国家的重要经济杠杆

富兰克林说过，死亡和税收是人不可避免的两件事。税收是一国政府最主要的收入形式，不仅关系着一国财政收入与支出的顺利执行，还影响着一国政府对经济的宏观调控能力和收入分配调节能力。

税收的实质是"取之于民，用之于民"。税收是依照税法的规定由国家统一征收的。依法纳税是每家企业和每个公民应尽的责任和义务。在经济社会发展的不同阶段，国家会采取不同的经济调控方式，税收就是其中之一。

税收与企业经营密切相关。企业如何依法合理地纳税，规避税收风险，降低成本成为每家企业税务负责人的重要工作之一。

对企业怎么征税直接影响企业的投资决策。投资税收抵免或者其他投资税收优惠政策能够促进企业投资。给予企业股权融资与债权融资的不同税收待遇，也会影响企业的资本结构选择。

税收具有强制性、无偿性和固定性。包括商品税（流转税）、所得税、资源税、财产税和行为税等。税收有几条原则，这些原则是确定税收征缴关系的准则，是制定税收制度和税收政策的基础，主要包括财政原则、公平原则和效率原则。财政原则是指税收制度要有利于财政，满足政府行使职能的资金需要。因此，税收收入要满足财政支出的需求，并且税收收入要有一定的弹性，通过选择合理

的税种，保证财政收入能在国民收入中占有一定份额。公平原则是指针对不同纳税人的税收负担应均等、合理。效率原则是指税收要有利于资源的有效配置，使社会从资源的利用中获得最大收益。

　　纳税人因履行纳税义务而承受的经济负担，即税收负担。税负的变化关系到经济增长和国民福利水平的变化。这个变化在经济学中称为"拉弗曲线"理论。如图 3-2 所示。

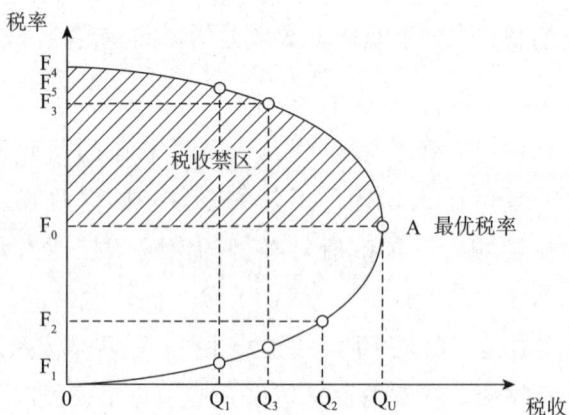

图 3-2　拉弗曲线

　　在图 3-2 中，A 点为最优税率点，在 A 点下端，税率上升，税收收入上升；在 A 点上端，税率上升，税收收入下降。该理论说明，高税率不一定带来高税收收入，在高税率下，国家对经济主体攫取过多，会减弱经济主体的活力，使整个经济增长水平停止或下降。一个最优的税率水平能使经济持续稳定增长。

　　◎ **社会财富的再分配——税收是调节个人收入与社会公平的手段**

　　财产已成为个人收入的一个重要来源，虽然个人生产能力的不同与个人财富的不同都是造成收入不平等的重要因素，但前者更易于为社会所接受，因此，社会需要对财产课税来减少整个社会的财富不平等和收入不平等。

税收可以对国民收入分配进行调控，以实现社会分配的公平。在一国的国民收入既定的情况下，社会首先通过市场对国民收入进行初次分配，但由于市场机制在收入分配问题上的价值取向是效率优先，因而通过市场来分配收入必然会带来贫富两极分化的结果，税收则是对收入进行再分配的重要手段。可以说，税收在社会经济活动中最基本的作用就是改变社会财富的分配。

从宏观经济学的角度来看，税收与政府开支相结合，作为社会财富再分配的重要手段，能够改变人们实际支配的收入。这种改变的途径主要是国家以税收的方式将纳税人手中的一部分收入集中到自己手中，再以财政支出的方式将这部分收入用于公共产品和服务，或以直接的福利转移方式给社会成员，从而达到社会财富的再分配。

税收对收入分配的调节是在收入分配、使用、积累等多个环节中实现的。首先，在收入分配环节，国家征收个人所得税、社会保险税，影响个人可支配收入。其次，在收入使用环节，国家运用消费税、关税，影响实际收入水平（即收入的使用效率）。再次，国家征收静态的不动产税和动态的遗产赠予税，在收入的积累环节进行调控。由此形成了多层次、多环节的税收调控收入分配体系。

不过，税收调控收入分配也有其客观限度。税收调控个人收入主要是通过以个人所得税为主、以消费税和财产税为辅助的税收体系在多个环节上实现的。各个环节上税种是否健全、税基税率是否合理、税收征管质量高低都会影响税收调控个人收入的力度。也就是说，税收调控收入分配的成效取决于税制的完善程度和税收征管水平。此外，税收调控收入分配的范围也是有限的，税收能够并且只能够调控合法收入，对大量存在的隐性的、灰色的乃至黑色的非法收入，则无法触及。

◎ 税负转嫁——纳税人并非承担税负的人

纳税人在商品交换过程中，通过提高生产商品价格、压低要素或中间品价格的形式，将税负转移给商品买卖人或其他经济参与主体。其本质是各经济主体的税负再分配。然而，纳税人有动机将税负转移给他人，影响和改变价格水平就是纳税人习惯采取的方式。

每一项税收最后都要归结到税收的最终负担者身上。税负归宿主要是针对法定纳税人来说的。按照税法规定，商家要缴纳增值税，此时的法定纳税人是商家。而事实上，商品的税收负担者却是消费者。因为商品的增值税最终要包含在商品价格中。在经济学上，这种现象被称为"税负转嫁"。

税负转嫁的必要条件有两个：一是商品交易的存在。没有这一过程，纳税人就没有机会进行转嫁。二是价格的自由浮动。如果价格调整具有近乎完全的黏性，也很难通过价格机制转移税负。

税负转移的方式有两种——前转和后转。前转是指纳税人在交易过程中，通过提高商品价格将税负转移给消费者。后转是指纳税人在交易过程中，通过压低要素或中间品价格的形式，将税负转移给要素或中间品生产者。而在现实经济生活中，大多数纳税人并不拘泥于税负转移形式，常混合运用两者，也被称为混转。

企业与政府

◎ 企业与政府的关系——平等、互动的服务与被服务的关系

企业和政府作为理性的经济人，都以利益最大化作为自己的追求目标，政府兼顾社会福利、自身的声誉及良好形象，企业则追求最大化的利润所得。

政府和企业之间即政商关系既有合作也有竞争，既有友好也有对立的时候。在传统意义上，政府与企业的相互地位通常被认为是控制—依附型关系，政府处于绝对的主导地位，政府在应对企业时行使着一系列重要的权力，范围从征税到规章。反之，企业依赖于法律的保护，并在充当创造收入、就业和物质生活标准的基本角色中依赖于公众的支持。

政府与企业在经济发展中承担着不一样的角色。企业是国民经济的"细胞"，谋求自己的微观经济利益；政府是社会公众利益、国家利益的代表，谋求关系整个社会和国家的宏观经济利益。"看不见的手"原理告诉我们，竞争市场具有显著效率，但市场不可避免地会出现了许多缺陷，这时就需要政府介入。

政府可以利用很多政策工具来干预与影响企业组织，比如，采用管制、税收、货币政策等形式。政府对企业的干预主要通过研究社会发展与经济的可持续发展之间是否平衡，然后制定或修改法律法规、规章和政策来影响、制约产业与企业组织。

现代政府与企业的关系应该是互动的，政府与企业之间具有五

种关系：规制和服从的关系、催化和反应的关系、示范和跟从的关系、认同和归依的关系、合作伙伴关系。由于市场全球化的进一步发展，社会经济的主体必将由企业组织担任，而政府也必然将重心从过去的关起门来严加管制，转变为建立和保障更广阔的市场环境以促进企业的良性发展。同时，由于全球化的趋势以及企业自身规模的不断扩张，企业的生产经营领域也会加速走向国际市场，国际贸易壁垒与各国规范的约束，如关税、贸易配额、保护性限制等将构成新的、不容忽视的企业与政府的关系。

◎ 遵守和利用规则——企业如何应对硬约束

对企业来说，法律和管制都属于硬约束。对此，企业是无法改变的，只能服从。国家制定的各类法律法规为所有的企业能够在公平和谐的环境中竞争与发展提供必要的保证，它们是规范企业经济行为的准则，具有权威性、强制性和公平性的特点。依法办事不仅是每个公民的责任，更是每家企业的责任。遵纪守法的企业更容易赢得客户的信任，促进与供应商的合作，获得职工的信赖、政府的支持甚至是竞争对手的尊重，遵纪守法最终为企业营造一个良好的生存发展空间。

法律和管制都是经济活动的游戏规则。企业必须遵守这些规则，在法律和管制划定的范围里活动，不得越界。任何藐视法律法规、无视企业社会责任的行为，与市场经济条件下一家企业应有的品质都是相去甚远，甚至是背道而驰的。

在市场经济条件下，法律面前人人平等的原则不容挑战。不管是谁，不管是什么样的企业，守法经营都是其生存和发展的前提条件。

在对企业的约束中，除了法律和管制外，还有社会道德。道德不是硬约束，但是没有社会道德的企业难以成功。道德的下限是让社会接受。近年来，中国发生了众多涉及社会道德的事件，如"三聚氰胺""地沟油""企业排污"等事件。这些社会道德问题的发生已经蔓延至各种行业与阶层。道德的上限是社会责任感，自己成功了要关心社会，为社会作贡献。企业家必须在经营企业的过程中提高自己的道德水平，才会有更加辉煌的未来。

法律和管制这些硬性约束，既可保护别人不受你的侵犯，也可保护自己不受侵犯。老板要善于运用法律和管制来保护自己和企业。自我保护的前提，不是民族保护主义，而是谙熟国内国外法律法规，为己所用。

◎ 经济政策与企业决策——随大流，不要反潮流

企业要随大流，其含义在于，企业要顺应政府的经济政策，根据政府的经济政策做出企业的决策。反之，企业反潮流，则是逆政府的经济政策而行。政府的经济政策是企业决策的环境，虽然很多经济政策并没有强制性，只有引导性，但与政府的经济政策相悖，无异于逆水行舟。按政府的经济政策指引的方向投资，好比顺水行舟，会使企业的发展更加快速。

老板要充分认识经济政策，并运用好经济政策。经济政策是一把双刃剑，如果用这把剑开好路，就会披荆斩棘，一路向前；反之，则会被这把剑刺伤，于企业而言，轻者会影响企业的生产发展，重者则会造成企业的破产。在知识经济时代，大到各企事业单位，小到每个人，光靠埋头苦干是远远不够的，更重要的是要对经济政策有所了解，有所把握，唯有如此，才能去追求乃至实现自己的目标。

企业的各项经济活动，都是在宏观经济大环境下进行的，自然离不开经济政策的指导与约束。正确理解和把握经济政策，关系到市场主体的利益，有利于市场主体把握经济进程，确定未来投资、理财的

方向。因此，在各项经济活动中，经济政策的作用不容小觑。例如，在资本市场，经济政策的变化对股市行情的影响是众所周知的。

因此，企业老板要了解经济政策的真实含义，顺应经济政策的导向，只有这样，企业才能做大做强。对投资者而言，要从经济政策变化的角度寻找投资机会，密切关注国家产业扶植政策和区域经济规划的最新动向，善于发现和捕捉商机，寻找细分市场需求，及时抓住成功的机会。

第四章

"看不见的手"：需求、供给与
市场均衡

货 币

◎ 人民币国际化——"两条腿"走路，推动人民币国际化

一国之货币，对外升值、对内贬值，显然会对经济有所伤害，这一点是毋庸置疑的。

国家的实力来自内部。从这个角度来看，中国崛起面临的最大挑战可能不是来自外部的，而是来自国内的。

中国经济发展已经到了关键的节点，需要主动参与全球化大循环，与世界各国经济保持深度接触。但受金融风暴冲击的中国经济发展现实也告诫我们，外向依存度越高，受全球性经济危机的影响就越大，因此必须坚持"两条腿"走路——在积极参与世界经济大循环的同时，还必须注重内部循环，通过相对独立的国内循环系统，消弭或部分消弭其消极影响。因此，中国国家战略要求我们必须"两条腿"走路，内外配合，从软硬两方面推进。

"两条腿"走路，一方面要通过常规路径推进人民币国际化。加速人民币国际化，不仅是当前之需，也是中国的长远战略之需，更是缓解人民币外升内贬的长远解决办法。因此，中国应加大力度，推进人民币国际化进程。中国经济的成功转型和可持续发展是人民币国际化成功推进的前提条件。

那么，如何才能更加均衡地推进人民币国际化呢？

我们知道，人民币承担国际货币功能的基础是经济主体的交易活动，包括贸易活动和金融活动。人民币承担国际货币的顺序是先

进行贸易计价、结算与支付货币，然后是投资与金融交易货币，最后是价值储备货币。在国际上，人民币首先是服务于居民与非居民之间的交易活动，然后是非居民与非居民之间的交易活动。

人民币国际化需要"两条腿"走路，首先迈出的是贸易结算，接下来应该迈出的是金融交易。前者已经进行了大量有效的工作，包括鼓励跨境贸易人民币结算，在多个国际金融中心及城市设立清算银行并建立全球清算网络，与多个国家和地区签订清算安排协议及货币互换协议，提供更多的人民币贸易融资等。当然，最为重要的是经常账户项下人民币的完全可自由兑换，为人民币在经常账户项下的使用提供了各种条件与便利。

另一方面，在自愿互利前提下，通过相关国家政府之间、中央银行之间的特定安排推进人民币国际化。这包括许多可供选用的方式，比如，在货币互换中安排一定数量的双方本币的一次性定量互换，卖出人民币，买进至少在经常项目上可兑换的外国货币；以人民币支付我国对有关国家和地区的贸易逆差；允许中国企业直接用人民币到境外投资；在充分考虑安全性的前提下，对境外资质较好机构提供一定额度的人民币商业贷款或贸易信贷；用人民币支付对外援助等。此外，在人民币国际化过程中，还要正确处理人民币和其他货币的关系。

◎ 币值稳定——人民币是升值好还是贬值好

中央银行的货币控制所要达到的直接目标是保持货币价值的稳定，促成货币供求均衡，为社会总供给与社会总需求的均衡，进而为生产与消费的均衡创造有利的条件和合适的货币环境。

要实现这一目标，要求中央银行做到如下两点：第一，货币不能供应得太少，否则会妨碍国民经济正常发展对货币的客观需求的实现，使国民经济本来可以达到的速度而不能达到，造成潜在的国民收入和社会福利损失。第二，货币也不能供应得太多，以免扰乱正常的社会经济秩序。在这一章里，我们要做的事情是，在"货币太少"和"货币太多"之间作一个折中，即要求适度的货币供应。货币扩张要适度，货币紧缩同样要适度。

不过，人们最关心的其实是在国际经济环境中，本国货币对外国货币的比价，究竟是升值好，还是贬值好？

实际上，货币的升值与贬值都是有利有弊的。对利弊的权衡，只能依据当时的世界经济发展的大局进行考量，只能按国家经济发展的实际需要进行选择。货币的升值与贬值虽然是国家经济发展状况的一种客观反映，但在国际贸易中，却往往被当作一种汇率的调节手段来加以运用。

一般认为，自己持有的东西增值是件好事，贬值是件坏事。但是这个想法放到本币上就未必正确了。

本币升值或贬值都是双刃剑，既有有利的一面，又有不利的一面。当本币升值时，本币的国际地位提高，本国在世界经济中的地位有所提升；老百姓手中的钱更值钱了，财富自然也水涨船高；人均 GDP 全球排名也会上升；之前欠的外国的钱自然也可以少还一些了；政府的购买力也就增强了，进口同样的商品，因为本币的升值也不用掏原来那么多钱了，如此等等。

尽管如此，本币升值也可能会造成本国经济增长放缓，因为升值会影响出口。由于本币升值，商品价格提高，自家的商品出口到国外相当于变相地涨了价，对方国家的老百姓可能就不接受了，这可能就会导致出口产品竞争力下降，这也是令国内的出口厂商大伤脑筋的事。

利率、复利、汇率

◎ 利率——宏观调控的重要工具

汇率、利率和税率是我国经济生活中重要的三大经济杠杆，对国民经济在总量和结构上可以起巨大的调节作用，可以实现我国经济的高质量发展，因此，时常将其通称为"三率"。

利率实际上是资金的使用价格。利率水平由货币资金市场上的供求关系决定。对资金的需求主要取决于企业的需要。从借款人的角度来看，利率是使用资本的单位成本，是借款人使用贷款人的货币资本而向贷款人支付的价格；从贷款人的角度来看，利率是贷款人借出货币资本所获得的报酬率。

利率是国家宏观调控中至关重要的一个手段，当经济过热、通货膨胀上升时，国家便会提升利率、收紧信贷；当国家的经济和通货膨胀得到控制时，便会把利率适当调低。因此，利率是重要的基本经济因素之一，它能够有效地调节社会的经济活动，调节资金的供求关系，引导资金的流向，从而稳定市场的物价和货币的流通情况。

当前，世界各国频繁运用利率杠杆实施宏观调控，利率政策已成为各国中央银行调控货币供求，进而调控经济的主要手段，利率政策在中央银行货币政策中的地位越来越重要。

在宏观经济活动中，利率能够调节社会资金供给、调节投资和社会总供求。利率愈高，存款人获得的利息收入愈多，社会积聚的资金规模愈大，可以有效调节社会资金供给不足；反之，则可以调节社会资金供给过多的局面。利率可以调节投资利率作为借贷资本的价格，其贷出者在不改变所有权的基础上，通过让渡获得利息收益。利率对资金借入者和贷出者的刺激效应是明显的，可以对资金的使用进行优化和配置。利率的杠杆作用可以间接调节社会商品和服务的数量变化，引导生产和消费，进而调节社会总供求。利率上升，储蓄将增多，投资减少，人们用于消费的货币也将减少，导致社会总需求减少，厂商也会减少再生产资金，社会供给相应也会减少；反之，社会总供求将会增加。

对企业而言，利率能够促进企业加强经济核算，提高经济效益。利率的上下波动会影响市场主体的收益或成本，企业作为资金重要的运用方，必须认真考虑利率的高低对企业发展的影响。一般而言，只有当利率水平低于企业运用资金的边际收益时，筹资才变得可能。如果利率过高，会使企业成本增加而给企业带来很大压力，这时候便会产生经营风险。长期下去，这种局面将不利于企业的可持续发展，也会影响企业的经济效益。因此对企业而言，利率可以促进企业加强经济核算，促使其更加谨慎地、高效地使用资金。

◎ 汇率——汇率是由市场决定的，还是由政府操纵的

汇率也是宏观调控的一大利器。例如，在你去美国旅游前，就必须先用人民币"购买"一些美元，货币也是一种商品，相互间可以按照不同比例进行"买卖"，这个比例就是"汇率"。

随着国际间经济交易的不断深化，与之相关的汇率问题也逐渐成为世界经济的热点问题。那么，汇率是由市场决定的，还是由政府操纵的呢？

汇率与实体经济关系重大，从1994年开始，我国致力于人民币汇率市场化改革，将汇率市场化作为金融开放的目标，渐进地追求

汇率的开放，向市场化迈进。

随着中国经济增长方式的转变，汇率水平应该趋向一般均衡的实际汇率水平。内需成为经济增长的主要拉动力，外需对经济增长的贡献率逐步下降，人民币汇率开始更多地发挥市场化配置资源的功能。

随着人民币汇率管制的逐步放开，人民币汇率将更多地由市场均衡来实现，而市场调节机制将更多地反映消费者和生产者的最优化，货币政策的独立性显著增强。因此，从长期来看，中国的汇率市场化改革将有利于促进中国的经济增长方式转型、经济结构的调整。

◎ 复利思维——如何以复利思维看待投资人和企业

爱因斯坦曾感慨道，宇宙间最大的能量是复利，复利是世界的第八大奇迹。确实如此。历史上的"24美元买下曼哈顿岛"的故事就是复利力量的一个经典案例：1626年，荷兰人用相当于24美元的饰品从印第安人手中买下了曼哈顿岛，到了2000年，曼哈顿岛的价值已经达到了约2.5万亿美元，如果按照复利计算这笔投资收益的话，实际收益率只有7.02%。

复利成为奇迹有两个条件，或者说复利有两个特性，一个是长期性，一个是正向积累。一年7.02%并不高，但积累了374年，就成为一个天文数字。

复利是奇迹，但是受到其他自然及社会客观规律的约束，复利也不可能无穷无尽地持续下去，否则那些一个小时分裂一次的细菌早就占领整个地球了。开始的24美元并不难，持续几百年的家族也不少，7%的复利看上去也不高，但迄今为止我们还没有看到任何一个家族能积累起2.5万亿美元的财富。

　　企业的发展壮大也是一种复利效应，有的企业目光远大，设定了远景目标，注重可持续发展，善于利用市场中提供的机会扩大规模，使企业的发展能够一年一个台阶不断攀登新的高峰，虽然中间也会有波折，但通过几十年甚至上百年的努力，就会成为一家世界著名的大企业。企业的复利性跟护城河的概念类似。随着时间的流逝，你投资的企业的护城河是在不断变深、变宽，还是在慢慢消失？这是投资者首先要考虑的问题。时间是优秀企业的朋友、平庸企业的敌人。

　　以复利思维不断成长的投资者，选择复利成长的优秀企业，当然会得到长期复利增长的投资结果，见证复利的奇迹！当复利投资进行到一定阶段的时候，复利投资本身所带来的年回报率已经足够巨大。此时，继续复利投资的主力已经变成复利投资本身了。这就是一条不断流淌自动收入的"河流"，而且每年都在不断加速变宽。

　　我们最紧要的就是让自己形成复利思维，做任何财务安排，都要建立在复利思维的基础之上。尽量把自己和复利捆绑在一起，从短期来看，你与周围人似乎没有多大的区别，一旦将时间拉长，你便会发现自己和周围人形成的巨大财富分野。

市　场

◎ 市场——买卖的交易场所

一旦迈出创业的第一步，要想获得成功，当务之急就是如何将自己的产品／服务尽快推向市场。如果产品／服务没有市场，企业就没有了生存的根基。特别是对初创企业来说，一切都要从零开始，需要自己去开拓并不断扩大自己的目标市场。这就需要创业者找准自己的目标客户，以用户为中心，围绕市场需求做文章，准确进行产品／服务的市场定位，实施恰当的市场策略，如此才能获得长远的发展。

无论是从营销学角度还是从企业角度来看，市场都应该是指某种产品的实际购买者与潜在购买者的集合。市场的本质并不是简单的一个买卖交易的场所。因为如果你的产品既没有人认可，也没有人买，即使你开设再多的店铺也无济于事。为便于理解，可用下面的公式解释市场：

市场的大小＝需求 × 支付能力 × 愿意进行交换的人数

具体而言，虽然对某产品或服务有需求，但当客户没有支付能力或没有购买意愿时，就无法形成市场；同样，虽然客户有需求，也有支付能力，但当他们对某产品或服务不认同，没有多少客户愿意购买时，照样无法形成市场。可见，市场的大小与需求、支付能力和具有交换意愿的客户数息息相关。这说明，企业在开拓市场时，既要注意分析客户的需求，也要了解客户的购买支付能力，还要考虑对你提供的产品或服务认可并愿意购买的客户数量有多少。

◎ 市场的原则——自愿、平等、公平、诚信

在正常情况下，市场会以内在的机制维持其健康运行。这些机制就像一只"看不见的手"，在冥冥之中支配着每个人自觉地按照市场规律运行。

在看似杂乱无章的市场活动背后，市场主体都需要遵循市场活动的原则和秩序。遵守市场交易原则是保证市场交易活动有秩序、按规则进行的基本条件。有了这个原则，从事各项交易活动便有章可循，买卖双方才不致发生纠纷，从而使交易顺利进行。

市场交易原则主要包括自愿、平等、公平、诚信。它们从不同的方面，规范着市场上买卖双方的交易方式和交易行为。

自愿是市场交易的基本原则。任何一个成功交易都必须以自愿为前提。卖者出售自己的商品或服务，获得自己所付出的劳动耗费的补偿；买者购买商品，按自己可以接受的价格满足消费需要。这一切只有在买卖双方自愿的前提下才能实现。

平等也是市场交易的重要原则。市场经济是一种平等经济，买卖双方在市场上都是地位平等、机会均等的市场主体，因而构成一种平等竞争、平等交换关系。

公平是市场交易原则的重要内容。作为市场交易灵魂的公平原则，是衡量市场交易活动是否有序、是否规范的试金石。如果缺乏公平，市场交易就会出现缺斤短两、坑蒙拐骗、黑市交易等种种违反市场交易原则的行为，消费者的利益就会受到损害。

诚信是现代市场交易活动的基本精神。在商品服务市场上，遵

守诚实信用的交易原则不仅是销售者应具有的道德，也是消费者应具有的道德。诚信可以带来效益，提高销售者的信誉，使消费者"信得过"销售者，从而使交易市场客流如云，生意兴隆，买卖越做越大。市场需要诚信。

◎ 柠檬市场——劣币会驱逐良币

"柠檬"在美国俚语中表示"次品"或"不中用的东西"。柠檬市场也被称为次品市场。

传统经济学认为，市场是万能的，通过自由竞争可以实现资源的合理配置。但是，这是以市场交换无摩擦为假定前提的。越来越多的人在经济生活中发现，由于信息不对称现象的存在，自由竞争的市场未必能带来最高的效率。

什么是信息不对称呢？它是指契约关系的一方（如代理人）在某些方面掌握着"私人信息"，这些信息只有他自己最了解；另一方则不了解。

例如，在旧车市场上，卖旧车的销售者跟关心车辆质量的购买者之间就存在着信息不对称。销售者在汽车销售领域工作了多年，对旧车的性能、保养程度，乃至损坏程度了如指掌，购买者却对这些信息一无所知，只是听销售者介绍。这种市场就被称为柠檬市场。

柠檬市场理论认为，由于对商品信息掌握程度的不对称，买方为了避免风险损失，只能通过市场上的平均价格来判断平均质量，只愿意付出平均价格。商品有好有坏，买方按平均价格支付，这对提供高品质商品的卖方来说自然是吃亏的，而对提供低品质商品的卖方来说便得了便宜。买方过低的价格使得卖方不愿意提供高质量的产品，于是高品质商品逐步退出市场。如此恶性循环，高品质商品就会被逐出市场，低品质商品则会充斥市场。在极端情况下，市场甚至会萎缩或消失，这就是经济学中的逆向选择。

在许多市场领域，柠檬市场的理论是十分有用的，只要存在着信息不对称，就会形成次品市场，使次品驱逐优品，从而形成"劣胜优汰"的逆向选择。

通过柠檬市场理论，可以推导出"劣行驱逐良行"的结论，比如，当企业内部劣行昭彰，机制不完善，优不胜，劣不汰，良行无以立身时，人们的积极性就会消退。正因如此，很多国家才会通地立法的手段力争消解这种信息不对称，如《中华人民共和国证券法》中规定的上市公司信息披露制度，《中华人民共和国消费者权益保护法》中规定的消费者知情权等。

◎ 市场失灵——市场也有失去效力的时候

有些工厂生产商品不可避免地会产生废弃物，这些废弃物被排入河里、被丢弃到田地里，会给人们的生活环境造成极大的污染。有些厂商为了追求自身利益，根本不把这一问题放在眼里。而市场根本无法彻底清除掉这些厂商生产出来的产品，以此来抑制对环境的污染。换句话说，市场对这种行为也无能为力，这时候市场就失灵了。

这是由于市场机制发挥其最佳功能有赖于若干重要的市场条件，市场机制本身并不是万能的。市场失灵是指私营市场体制完全不能提供某些商品，或者不能提供最合意的或最适度的产量。市场失灵不是因为市场的不完全性，而是因为市场扭曲。因此，市场失灵也可定义为，市场价格既不等于该商品的边际社会收益，也不等于该商品的边际社会成本。在市场失灵的情况下，市场的运行不能实现资源的最优配置。

市场失灵说明市场机制在某些领域不能起作用或不能起有效作用。导致市场失灵的原因是多方面的，主要有垄断、经济外部性、公共产品、市场不完全、信息不完全和不对称等。另外，市场失灵也包括收入分配不公、通货膨胀、失业、区域发展不协调、经济结构不合理等问题。

无论在哪个国家，都没有绝对的市场化，特别是在市场失灵时，政府的作用就是纠正市场失灵所引起的资源配置的扭曲。

◎ 产业竞争悖论——市场失灵与政府干预

产业竞争中会出现一种竞争悖论，即产能过剩。产能过剩是指产能供给大于需求，供给能力存在一定闲置。

产能过剩大体可概括为由于盲目投资、低水平重复建设而形成的生产能力远远大于市场需求，最终导致产品价格下跌，库存上升，企业和行业利润下降，甚至严重亏损，金融风险加大，资源环境约束矛盾突出等。产能过剩还分为已出现的过剩和潜在过剩。产能过剩并非指在市场经济周期波动中暂时性的产能富余，而是指在经济转型升级过程中特有的、存在于较长时间内的生产能力远远大于市场需求的现象。

企业产能过剩的原因可以分为非战略性因素和战略性因素两类。一般而言，已经达到利润最大化的企业保有过剩产能的目的属于非战略性因素，经济的周期性波动导致市场对企业产品的需求发生变化，企业可以通过持有一定的过剩产能保证生产更具弹性，即使经济不景气也不需要调整生产规模和投入要素，避免了频繁的成本调整。而战略性产能过剩主要基于阻止新的市场进入者，或者为了比现存竞争者更早抢占市场先机。企业具有过剩产能，一方面可以通过扩大产能或者降低价格威胁恐吓潜在进入者，使其进入后无利可图，进而保证自身的市场垄断地位；另一方面，随着市场需求的上升，企业的早期投资可以阻止现有竞争对手扩大规模，从而获取更大的市场份额和利润。

市场竞争机制可推进企业优胜劣汰、兼并重组，调整过剩产能，同时，市场机制也会提高产业集中度，使低集中度的产业集团转向高集中度的产业集团（小集团）。小集团容易实现集体行动，从而进一步调整并化解过剩产能。

政府干预市场，会导致市场失灵，使得产业难以优胜劣汰，同时提高低产业集中度，即大集团无法转向小集团，而大集团难以实现集体行动，导致产业长期维持产能过剩局面。因此，化解产能过剩，关键在于政府转变职能，改革政府相关制度。

在化解产能过剩中，企业退出是绕不开的坎儿。但需要退出的企业往往存在令人头痛的债务问题、职工安置问题，一般也会存在技术设备工艺和商业模式不具备持续发展的问题，企业退出必须解决这些问题。

供 给

◎ 供给——企业的生产如何决定

在经济学中，供给是生产者在每一价格时期内愿意而且能够提供的某种商品的数量。在市场竞争中，供给和需求是决定价格的关键。那么，供给和需求又是由什么来决定的呢？

简单地说，需求是由消费决定的，供给是由生产决定的。在市场经济中，所有的生产都是为消费者生产的，所以消费者选择理论是理解市场经济的钥匙。

供给来自企业的生产，无论是小作坊还是大型跨国公司，都是供给的主体。企业通过各种生产要素进行生产，向消费者提供产品，以满足人们的需要。需要包括生产需要和消费需要，当然，消费需要是根本性的，生产需要最终也是为了人们的消费需要。

在这个过程中，我们要抓住一个关键，即"愿意而且能够提供"。换句话说，供给是提供愿望和提供能力的统一。如果只提供愿望而没有提供能力，则不能被称为供给。有些产品是有限的，无法增加。例如，毕加索或张大千已经去世，他们的画作就是既定的，无法再增加了。他们的作品只能通过转让、拍卖的形式进行流通，而无法随着价格的上升再增加。再如，每个地区的土地供给也是有限的，无法随着需求的增加而不断增加，因而也就出现了地价不断上涨的趋势。当然，如果企业不愿意卖，即惜售，放在仓库里不卖，也不能成为供给。

最近几年，出现了一个热词，叫"供给侧结构性改革"。什么是"供给侧"？"供给侧"与"需求侧"相对应。需求侧有投资、消费、出口三驾马车，三驾马车决定短期经济增长率。而供给侧则有劳动力、土地、资本、创新四大要素，四大要素在充分配置条件下所实现的增长率即中长期潜在经济增长率。而"结构性改革"旨在调整经济结构，使要素实现最优配置，提升经济增长的质量和数量。如图 4-1 所示。

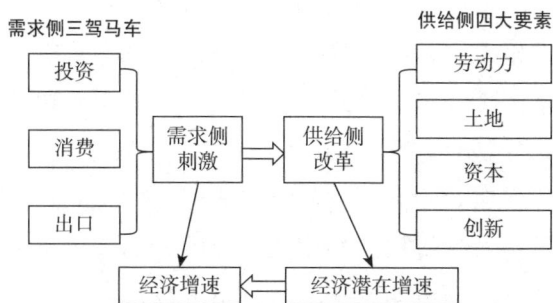

图 4-1 需求侧三驾马车和供给侧四大要素

供给侧结构性改革从提高供给质量出发，用改革的办法推进结构调整，矫正要素配置扭曲，扩大有效供给，提高供给结构对需求变化的适应性和灵活性，提高全要素生产率，更好满足广大人民群众的需要，促进经济社会持续健康发展。

◎"看不见的手"——价格如何调节经济

商品的供给与价格密切相关。随着某种商品价格的上升，其供给量也是上升的，这就是所谓的供给规律。价格越高，供给量越大；价格越低，供给量越小。

价格是影响供给的一个重要因素。影响供给的因素，当然还有很多，如生产要素的价格、其他商品的价格、技术水平、预期等。当一种产品的生产要素价格提高后，在其他条件不变的情况下，厂商的获利少了，商品的供给也会减少。

价格影响供给，因而也会对经济起到调节作用。在市场经济中，经济的运行就是由价格这只"看不见的手"调节的。也就是说，资源的配置是由价格决定的。价格对经济的调解就是我们所说的价格机制。市场经济就是一种用价格机制来决定资源配置的经济体制。

价格机制又被称为市场机制，是指价格调解社会经济生活的方式和规律。价格机制包括价格调解经济的条件、价格在调节经济中的作用、价格调节经济的方式。所以，价格机制概述了市场经济中价格调解经济的方式及其内在规律。

美国经济学家 M. 弗里德曼把价格在经济中的作用概括为三种：一是传递情报；二是提供一种刺激，促使人们采用最节省成本的生产方法，把可得到的自愿用于最有价值的目的；三是决定谁可以得到多少产品，即收入的分配。这三种作用是密切关联的，解决了资源配置所包括的三个问题，即生产什么、如何生产、为谁生产。

价格是如何调节经济运行的呢？当市场上某种商品的供给超过需求时，这种商品就会出现供给过剩的情况，供给过剩说明资源配置不合理。供给大于需求会使该商品的价格下降。这一方面刺激了消费，增加了对该商品的需求；另一方面又抑制了生产，减少了对该商品的供给。在这种情况下，价格下降，最终使该商品的供求相等，从而使资源得到合理配置。同理，当某种商品的价格小于需求时，也会通过价格的上升使供求相等。价格的这一调节过程，每时每刻都在市场中进行着。价格把每个独立的消费者与生产者的活动联系在一起，并协调他们的活动，从而使整个经济和谐而正常地进行。

价格机制是自发地调节经济的。自发性也是价格机制发挥作用的基本特点，没有自发性就没有价格机制的作用。在市场中，即使没有任何一种外力的干预，价格也可以调节经济。如果要消除这种自发性，人为地利用价格机制，那价格也就无法发挥作用了。

◎ 供给价格弹性——牛奶卖不掉倒了也不给穷人

在一定的时期中，供给量的变动对该商品价格变动的反映程度，被称为供给价格弹性，也被称为供给弹性。

在资本主义发展过程中，我们都听说过这样的故事：在牛奶价格暴跌时，奶农会倒奶杀牛。为什么牛奶那么多，情愿倒掉也不给穷人？因为对消费者来说，牛奶是生活必需品，其需求曲线富有弹性，但其价格弹性比较小。当人们的收入下降时，对牛奶的需求下降，牛奶供大于求，牛奶的价格就会下降。

对奶农来说，由于牛奶的需求价格弹性小，价格弹性很大，价格信号往往导致供给扰动，如果把牛奶的价格降下来，虽然说可以增加销售量，但是对购奶需求的增加没有太大的拉动作用，销售量的增长幅度不会太大。供过于求的办法就是减少供给，因此，奶农为了维持利润，依然不会降价。

此外，如果说把牛奶送人，也是有成本的。牛奶的收购、消毒、仓储、运输，都是生产成本不断增加的过程，为了不盈利的目的把牛奶送人，再去增加这么多成本投入，对奶农来说肯定是不划算的。如果送出去的牛奶再进入市场，还会更加拉低牛奶的需求。

供给弹性的决定因素主要有：

（1）资源与技术。生产越不受资源与技术的约束，供给弹性就越大。

（2）生产规模调整的难易。生产规模越容易调整，供给弹性就越大。

（3）考察时间的长短。当一种商品价格上升，生产该商品更加有利可图时，随着时间的推移，会有更多的现有企业增加产量，更多的新企业进入该行业；当一种商品价格下降，生产该商品变得无利可图时，随着时间的推移，会有更多的企业减少产量，更多的企业退出该行业。因此，考察的时间越长，供给弹性越大。

◎ 市场经济缺陷——"看不见的手"完美吗

市场经济这只"看不见的手"是一种有效配置资源的经济制度。其作用的发挥是以完全竞争为前提的。在现实的市场中，并不存在单一的完全竞争条件。一些不符合完全竞争假定的经济现象的存在，会妨碍市场的完全竞争，从而产生不利于资源配置的后果。

也就是说，市场经济并不是完美无缺的，而是有一定缺陷的，常常表现出一些市场失灵的现象。比如，国防、治安、消防、枪支弹药等就不能让市场自身来调解，否则公民的健康、社会秩序等就会受到损害。这些市场失灵现象主要集中在公共物品、外部性、垄断和信息不对称等方面。外部性是指某一经济单位的经济活动对其他经济单位所施加的非市场性影响。外部性分为正外部性与负外部性，矫正外部性影响的主要措施有税收、补贴、企业合并及明确产权。

市场不是万能的，市场经济的缺陷主要表现在：

（1）市场经济活动经常受到经济波动（失业和通货膨胀）的影响，使稀缺资源不能得到充分利用。

（2）市场中垄断因素的存在，阻碍了生产要素的自由流动，降低了资源配置的效率。

（3）市场本身难以解决外部影响给经济带来的各种影响。

（4）市场不能提供公共物品。

（5）信息不完全也会阻碍市场经济有效运转。

（6）市场经济中的价格机制无法兼顾社会的非市场目标，缩小贫富差别。

古典经济学代表亚当·斯密认为，在市场经济条件下，每个人在追求个人利益的时候，由一只"看不见的手"引导他去完成一个个目标，而在此过程中，也带来了社会利益。但是，市场机制这只"看不见的手"对资源的调节作用并不是万能的，也不是充分的，在某些场合下它无法对资源进行最为有效的配置，因此也就不能实现经济的高效率，主要表现在：

（1）资源配置的低效率问题。自由竞争往往会引起垄断，而在垄断的情况下，市场机制就不能够引导资源的最优配置了。

（2）分配上的两极分化。纯粹的市场机制的作用往往会导致贫富差距的扩大，出现穷者愈穷，富者更富的"马太效应"。

（3）失业和通货膨胀。这是人们通常所说的宏观经济问题。在不存在政府积极主动干预的市场经济中，有效需求常常不足。在这种情况下，就会出现大规模的失业。相反，如果需求过度了，则会引起通货膨胀。

（4）其他弊端。如出现垄断、生态环境的恶化、经济周期、官商勾结等现象。

正是因为市场经济存在许多其自身内部难以克服的弊病，决定了凌驾于它之上的政府介入对其进行调节、干预经济生活的必要性。通过政府干预可以限制垄断，解决外部性矛盾，保证公共产品的供给，减少不完全信息对公平交易的破坏，实现宏观经济的平稳运行。

需求与价格

◎ 需求的稀缺性——为什么钻石贵过水

一切商品都有其价格。不同的商品具有不同的价格。例如，钻石的价格很高，而水的价格很低。

但是，不同价格背后的决定因素是什么？不同的价格有什么特别的经济意义呢？

从经济学角度来说，这个问题的回答很简单，物以稀为贵。在市场经济条件下，供给和需求直接决定了商品和要素的相对稀缺程度，千变万化的价格，则是商品和要素相对稀缺程度的体现。钻石比水贵，是因为钻石的供给相对水来说极其有限，需求却相对庞大。再如，北京、上海、广州的房价比武汉的贵，是因为前者土地要素的相对稀缺程度高于后者。

正是在这个意义上，价格成了引导资源配置的基本信号。我们说市场机制的功能是实现资源配置，而价格机制是其中的核心环节。在市场上，如果出现了产品积压，意味着供给大于需求，价格机制的反应是价格下降，从而抑制供给、刺激需求，化解相对过剩的矛盾；如果需求大于供给，则价格上涨，从而抑制需求，刺激供给，供求达到新的均衡，在价格涨落的过程里，资源重新得到配置。

这种由市场机制引导下的资源配置是十分有效的。而市场以外人为力量的干预，将损害这种效率。

当然，也不是所有稀少的物品都具有很高的价值。只有当某种物品被人们需要，很多人想拥有它的时候，它才会变得有价值。如果世界上没有任何一个人想拥有钻石，那么钻石也就变得一钱不值了。正因为很多人想要拥有钻石，而钻石又非常稀缺，所以它才变得昂贵。

有一句成语叫作"欲壑难填"。意思是说，人们的欲望是没有止境的。我们能够拥有的东西只是世界上所有东西中很少的一部分。但是，我们想要的东西是没有止境的。即使是亿万富翁，也不能拥有所有想要的东西。地球上的东西是有限的，我们不可能拥有所有的东西。因此，经济学就是一门从有限、稀缺性中产生的学问。

◎ 需求与价格——降价不是百试百灵的灵丹妙药

我们已经了解了需求的弹性，从中我们也可以解释降价为什么不是企业利润最大化的法宝，明白企业降价不是百试百灵的灵丹妙药。

价格机制告诉我们，当某种物品需求缺乏弹性时，价格下降，总收益增加，而当这种物品需求富有弹性时，价格上升，总收益减少。

因此，对需求富有弹性的物品来说，降价可以增加总收益，也可以增加利润，所以降价是有效的策略。但对需求缺乏弹性的物品来说，降价反而会减少总收益，减少利润。可见，需求弹性是我们确定价格的一个重要依据。

对企业来说，生产的产品如果其需求富有弹性，可以实行低定价或降价策略，这就是薄利多销。单位产品的利润率低，但销量多，利润量大，因此降价策略适合这类物品。但对需求缺乏弹性的商品，不能实行低定价，也不能降价销售，降价反而会使总收益减少，所以我们很少见到食盐降价促销。

对高收入阶层喜欢的名牌产品来说，往往实行高价策略。所谓"名牌不打折"正是这个意思。因为这类产品的消费人群对这类产品的需求缺乏弹性。他们购买价格昂贵的名牌产品，或者出于显示社会身份的刚性需求，或者因为自己喜爱的品牌没有替代品，或者价格昂贵的产品在他们的收入中所占的比例并不大。

需求弹性对企业的经营策略也会产生影响。一般说来，如果需求富有弹性，税收主要由生产者承担。因为如果生产者由于税收而提高价格，销售量会大大减少，总收益就会减少。这时，生产者无法提高价格，税收无法转嫁给消费者，只能由生产者承担了。如果需求缺乏弹性，税收主要由消费者承担，因为生产者可以以税收为由提高价格，价格提高后，销售量减少得并不多，总收益就会增加。这时，企业提高了价格，价格的提高至少等于税收，甚至还可能高于税收的增加，这样税收就转嫁给消费者了。

当政府对某种物品征税时，企业就要根据这种物品的需求弹性来调整自己的经营策略。对需求富有弹性的产品，企业要自己承担税收而无法提价，就应减产，以此提高价格，减少税收损失。对需求缺乏弹性的产品，企业则可通过提价来消化税收，而不必调整产量。

◎ 价格歧视——差别定价的目的在于利润最大化

由于垄断者具有制定价格的权力，因此垄断者可以在同一时间内对同一成本的产品向不同的购买者收取不同的价格，或者对不同成本的产品向不同的购买者索取相同的价格，这被称为价格歧视，有时也被称为差别定价。

价格歧视有三种表现形式：一是垄断者可以将市场分割，对不同市场上的顾客收取不同的价格；二是对给定的消费者，依据其购买量多少来定价；三是垄断者对每一个消费者所购买的每一单位产品分别定价。

我们主要讨论一下第一种情况。

市场分割的价格歧视指垄断者把不同类型的购买者分割开来，形成各子市场，然后把总产销量分配到各子市场，根据各子市场的需求价格弹性分别制定不同的销售价格。例如，航空公司可以在一条航线上把乘客分为两类：公务乘客和旅游休假乘客。公务乘客的机票需求弹性小些，因而定价高些，而旅游休假乘客的机票需求弹性大些，因而定价低些。可见，市场分割定价必须有两个条件：一是市场可以分割，否则，不仅顾客会集中于低价市场购买，而且低价买得的产品可能转向高价市场出售；二是两个市场需求弹性不同，否则无法差别定价。

某些商品对某些人来说是不得不买的，而对另外一些人来说可能是可买可不买的。追求利润最大化的商家就是根据消费者"需求弹性"这一心理特点，对商品采取差别定价，将"价格歧视"合理地应用于自己的经营策略中。

许多大企业在定价策略上做得相当不错，他们会有多个品牌，利用不同品牌顾客群的差异，针对不同档次的消费者定出不同的价位。实行的多品牌策略是一个典型的多级"价格歧视"现象。其实，还有很多企业推出的产品相同或者差异不大，仅以不同的包装冠以不同的名字，目的是为了留住不同需求的消费者。商家做生意都以盈利为目的，利润最大化是他们所追求的目标，因此，以尽可能高的价格出售商品是他们所希望的。

作为消费者，要看清"价格歧视"背后的实质，轻松运用这一经济学原理来服务自己的生活。当然，这并不代表"价格歧视"可以随便使用。因为消费者的需求弹性是有明显差别的，差别定价的商品也必须是难以转让的，因为如果消费者以低价买进商品再倒卖出去，商家的这种定价策略就会失效。

◎ 相关产品与需求——《哈利·波特》电影的热映与图书的热销

伴随着创意经济的快速发展，从出版界的发售奇迹到大银幕上的影史纪录，从衍生产品的热销到主题公园的诞生，《哈利·波特》以它特有的"魔法"魅力征服了这个世界，创造了文化产业上一个不可逾越的丰碑和不可复制的神话。

《哈利·波特》图书与电影形成了良好的互动，在全世界范围内培养了大量的"哈利·波特迷"，可以肯定地说，《哈利·波特》的成功是文化艺术与市场经济共舞的典范之作。

从这个例子可以看出，产品的需求量不仅取决于其本身的价格，还取决于相关产品及其需求。以《哈利·波特》的图书和电影为例，两者是一种互补关系，即两种产品共同使用才能满足同一种欲望。类似这样的关系还有很多，比如汽车与汽油、西装与领带、汉堡与牛肉等。

互补品中的两种产品间存在着某种消费依存的关系，一种商品的消费必须和另一种商品的消费相匹配。通常，某种商品的价格会因为互补品价格的上涨而上涨，互补品需求量的下降也会导致该商品需求量的下降。

对企业来说，互补品可以明显增加产品的竞争优势，增强产业竞争的强度。首先，互补产品可以增加产品本身的价值，让产品歧异化。互补品经常影响产品的性能表现或者客户对企业的整体评价，将表现不出众的互补品组合起来，通常可以提高顾客的满意度，让产品获得歧异化的优势。其次，互补产品能获得协同效应。例如，麦当劳和可口可乐公司进行合作，顾客对两家公司的高评价保证了互补产品汉堡包和可乐饮料相结合构成的套餐的顾客信誉度。

一般情况下，互补产品主要采取以下两种方式进行营销：一是捆绑经营。捆绑经营主要指用单一的价格将一组不同类型但互补的产品绑定在一起进行销售。这种经营方式通常可以达到 $1+1>2$ 的经营目的。另一种方式是系统锁定。实施系统锁定的战略意义在于联合互补产品厂商一同锁定顾客，把竞争对手拒之门外，从而达到控制行业标准的最高境界。微软在这方面的业绩相当突出，基本上 80%—90% 的个人电脑软件商都是基于微软的操作系统研发产品，若客户想要购买大部分软件，就必须要购买微软产品。

　　不管企业最终选择哪一种方式，都是为了达到吸引顾客、增加利润的目的。

需求与收入

◎ 需求与收入——北京的大商场为什么出现破产潮

20 世纪末，北京建起了一大批豪华商场，最著名的有王府井百货大楼、西单商场等，加上其他的大商场共有 100 多家。这些商场建得宏伟大气、装修豪华，但这些花费都要加到商品中去，由消费者来承担。结果，商场里的商品售价高，一般的工薪阶层根本消费不起，而高收入者则嫌这些商场的商品不够高档，因此很少有人光顾。结果大部分商场都难以维持，反而出现了一股商场破产潮。

这种结果的出现，关键源于商场的定位问题。法国的巴黎春天百货是世界上的顶级商场，顾客群体定位于年收入 10 万美元以上的阶层，即使其商品价格远远高于其他商场，也照样经营得很好。就是因为它有明确的目标客户。所以说，定位准确是非常重要的。

我们知道，收入决定了消费者的购买力，也决定了其需求。在考虑消费者的收入和需求的关系时，只有定位准确，才能成功。收入决定需求是指不同的收入决定了不同的需求。收入的变动所引起的需求量的变动是不同的。收入的增加会引起消费者对各种物品的需求的增加。但增加多少是不同的，我们用需求收入弹性这个概念来表示。需求收入弹性是收入变动引起的需求量变动的大小。

对大多数商品来说，需求与收入是同方向变动的，需求收入弹性是大于 0 的，这样的商品被称为正常品。在正常品中，又可以区分出两类不同的商品：

需求收入弹性大于 1 的商品被称为奢侈品，比如珠宝、首饰、高档家电等，这类商品需求增长的百分比大于收入增长的百分比。

需求收入弹性介于 0 和 1 之间的商品被称为必需品，比如粮食、蔬菜等，这类商品需求增长的百分比小于收入增长的百分比。而需求收入弹性为 1 的商品比较特殊，这类商品需求增长的百分比等于收入增长的百分比，收入与需求完全同步增减。

当然，也有少数商品的需求收入弹性是小于 0 的，即随着收入的提高，这些商品的消费反而减少，比如籼米、肥肉等，这类商品被称为低档品。

另外，还有一种特殊情况，即需求收入弹性为 0 的商品。无论收入怎样变动，这类商品的需求量都不会因此产生影响，比较典型的例子是丧葬服务，一般不会受收入变动影响。

需求收入弹性对企业决策有很大的意义。随着经济的发展，人们的收入增加了，过去的一些奢侈品变为现在生活中的必需品。比如，过去作为奢侈品的冰箱、彩电、智能手机，现如今已经成为生活必需品。企业要根据这些变化来调整自己的产品结构，要尽快淘汰已经或即将成为低档物品的产品。

此外，不同的产品有不同的包装和服务。作为奢侈品，包装要华丽，服务要上档次，比如高档手表。食盐是必需品，包装只要防潮、防漏即可。当时的大部分北京豪华商场的定位不够精准，因此倒闭破产也就难以避免了。

◎ 需求定理的例外 ——吉芬之谜与爱马仕的高价

19 世纪中叶的爱尔兰，在发生灾荒后，因为缺少必需食品，从而推动了土豆价格的上涨，但与常识不同的是，土豆的需求量反而增加了。这类需求量与商品价格同一方向变动的特殊商品，英国人吉芬将其称为吉芬商品。

吉芬商品是特殊的低档商品。吉芬商品的特殊性在于其收入效应很大，以至于超过了替代效应，这使得总效应与价格同方向变动。

在现实生活中，吉芬商品现象很常见。比如在竞争激烈、物价居高不下的北京，不管你是在市中心还是郊区，租房的价格都是日渐攀升的。通常情况下，房租越高，人们对居住环境较差的郊区房子需求应该越少，但事实上，在北京有很多人选择到郊区租房。因为，相对市中心的房租来说，郊区的房租还是要便宜很多的。这也就形成了郊区房租升高、需求增加的吉芬商品。

吉芬商品原理经常会被商家利用，比如，为了迎合具有支付能力的高消费群体，商家经常会推出一些精装高价的礼盒，诸如上万元一盒的月饼、几千元一盒的大闸蟹，价格越高人们越是争相购买，这就是利用了人们的虚荣心理。

经济学家认为，吉芬商品现象是市场经济的一种反常现象，是需求规律的例外，但它也是一种客观存在的现象，是我们无法避免与回避的。

比如在下雨天，地铁口的雨伞虽然比平时贵一点儿，但其销量依然上涨，这其中的关键不是价格，而是天空中的大雨，行人需要雨伞来遮风挡雨，对雨伞价格就不敏感。此时，只要价格不是太过离谱，人们就会购买。试想一下，如果雨并不是很大，人们能够赶到商店去买雨伞，地铁口的高价雨伞自然就无人问津了。

事实上，吉芬商品现象的存在并不是对供给与需求定律的否定，而是让需求定律变得更加完善。

那么，为什么有些东西越贵，人们越愿意去购买呢？类似名牌包、高档汽车、珠宝这类高档物品，只有价格高人们才会去买。如果价格下降，需求量反而会减少。爱马仕是国际大名牌，即使一个包卖到43万元，依然有人对其趋之若鹜。

吉芬商品和爱马仕的高价现象都违背了需求定理，但其原因各不相同。吉芬商品是在灾荒这样的特殊时期，面包、肉类、土豆的价格都上升了，但人们的收入大大减少，买不起面包、肉类，只有以土豆为生，从而对土豆的需求反而增加了。这种现象在现代社会出现的较少。而爱马仕的高价策略对现代企业更有意义。炫耀性商品具有显示身份的作用，要起到炫耀作用，只有数量少才能维持其高价格。例如，很多国际顶级包的价格都极高，且限量生产。

对企业来说，高价少产可以实现利润最大化，降价多产反而会使效益下降，甚至亏损。如今，许多商品都既有实用价值，又有炫耀价值。中华烟、茅台酒、劳力士手表，这些商品既有作为普通商品的功能，又有炫耀的作用。因为，企业在做出生产经营决策时，还要关注产品本身的炫耀作用，或者通过广告宣传赋予其带有这种作用。

◎ 消费时尚与需求——女孩为什么爱换手机

很多女孩都爱用新款的手机。旧的手机仍然好用，但只要有新款的，无论价格多贵也要换一部新的，旧的给父母用。原因是什么呢？"大家都换，我不换多没面子啊。"

这其实就是人们的从众心理。从众心理是人们的消费心理相互影响的结果。当一种消费行为流行于社会之上，为许多人所接受时，就形成了一种消费时尚，并影响着更多人的消费行为。

消费时尚无所谓对或错、理性或非理性。路走得多了，就成了路，买的人多了，就成了一种时尚。企业无法改变消费时尚，只能顺应消费时尚。

消费时尚看起来没什么规律，且无理性，瞬息万变。昨天裤子上有洞，是穷，今天却成了时尚。但一种消费时尚的形成是有其规律的。决定消费时尚的元素很多，如广告、历史传统、政策引导等，但一种消费时尚更多还是来自示范效应，这就是我们常说的"榜样的力量是无穷的"。"楚王好细腰"，楚王的偏好能成为一种榜样，因而减肥的时尚开始流行起来。这并不是因为楚王的审美情趣高，而是因为他的地位。

企业的产品要能满足消费者的欲望才有市场。因此，企业一定要关注消费时尚的变化。如果企业能及时了解消费时尚的趋势，在某种消费时尚处于萌芽状态时，就能比其他企业领先一步，生产出适应这种消费时尚的产品，就比较容易能取得成功。

◎ 预期与需求——买涨不买落与持币待购

影响消费者需求的因素有很多，消费者对未来的预期就是其中之一。消费预期是消费者对商品价格与收入变化的预期，是消费者判断未来市场和经济状况后的一种消费倾向，它对人们的经济行为有着重要的影响。人们会依据自己对未来经济状况的判断做出自认为英明的经济决策。

消费者对商品价格的预期会影响该商品的需求量。比如，当消费者预期某种商品的价格即将上升时，对该商品的现期需求量会增加。而当消费者预期该商品价格即将下降时，则会减少对该商品的需求量。

同样，当消费者预期未来的收入即将上升时，将增加对商品的现期需求，反之则会减少对该商品的现期需求。

在投机性强的市场，如在证券市场和期货市场上，人们有一种"买涨不买跌"的心理，即价格上涨时抢购，价格下跌时抛出。这与人们对未来价格的预期和投机的需求相关，也可以说，这是需求规律的一种例外。价格在诸多消费刺激中具有敏感度高、反应性强、作用效果明显的特点。价格涨落会直接激发或抑制消费者的购买欲望，两者的变动方向通常呈反向高度相关。但是，受某种特殊因素的影响，如市场商品供应短缺引起的心理恐慌，对物价上涨或下跌的心理预期，对企业降价销售行为的不信任等，也会引起消费者对价格变动的逆反心理，导致"越涨价越抢购""越降价越不买"的逆反行为。

当然，消费者的预期不可能总是错的，购买行为不可能全都是非理性的。在决定购买行为时，消费者依据的是短期预期。此种短期预期还是比较正确的。比如，消费者对汽车价格下降的预期就是对的。他们持币待购，对并不是急需用车的人来说这是理性的。就算其他人认为是非理性的行为，比如抢购食物，有些人认为也是理性的，因为这样避免了物价上涨之后增加的支出，抢购到东西之后有了安全感。

价格预期与收入预期是影响消费者需求的预期。消费者常常将当前的价格上涨作为今后价格进一步上涨的信号，并做出未来价格上涨的预期，从而在当前物价上涨初期大肆购买。此时，影响购买行为的并非当前的高价格，而是未来更高的价格。所以，"买涨不买跌"并不违背需求定理。同理，消费者也会将当前的价格下降作为今后价格进一步下降的信号，并做出未来价格下跌的预期，从而在物价下跌初期减少购买。此时，影响购买行为的也非当前的低价格，而是未来的更低价格。所以，持币待购并不违背需求定理。

◎ 开发潜在需求——需求是无限的

在商品生产和商品交换的条件下，人们要满足消费的需要就必须以购买力为基础。当欲望建立在一定的购买力的基础上时，就形成了需求。根据消费者的欲望与购买力不同，可将需求划分为现实需求与潜在需求。

　　现实需求是已经存在的消费需求，表现为消费者既有欲望又有购买力。潜在需求则是可能产生的消费需求，有两种表现形式：一是有欲望而无购买力，对某种事物只有在经济条件改善以后才能购买；二是有购买力但对某些事物无欲望，从而出现暂时选购不到理想的商品而持币待购的情况。企业市场营销的重要任务就是发现和满足现实需求，挖掘和开发潜在需求。有需要，就有市场。企业老板作为经营者，就是要不断地去发现消费者的需要，并尽力去满足其需求。

　　在市场经济条件下，生产出来的产品，消费者如果不买，你也没办法。生产者主权就是指生产者要主动开发消费者的潜在需求，生产者的产品如果能满足消费者潜意识中存在但是自己没有意识到或者不知如何去满足的需求，就可以把消费者潜在的需求转变为现实的购买行为，从而开辟新的市场。

　　为什么消费者有潜在的需求等待开发呢？这是因为有些消费者由于某种后顾之忧，把一部分钱储蓄起来，不用于目前的生活消费，会形成潜在需求；另外一些消费者虽然有一定的收入来源，可是由于目前手持货币数量的限制，不能购买某种他所需要的商品，也形成了潜在需求。当然，更多的顾客在没有看到自己所需要的产品之前，对其他类产品并不感兴趣。

　　如何开发潜在需求呢？其主要途径有二：

　　（1）开发新产品。这是开发潜在需求的根本途径。企业应根据消费者的心理意愿和要求进行设计和研制，使模糊朦胧的需求变为明朗清晰的需求，使潜在需求转为现实需求。如设计具有"轻、便"特点的折叠式自行车，就可使搬扛自行车上下楼的消费者的希望变为现实需求；研制出能装能拆、可坐三人的组合自行车，则可使一家三人骑自行车一起游玩的想法得以实现。实际上，开发新产品，就是要使潜在需求尽快转化为现实需求。

　　（2）开拓新市场。寻找并打开新的市场，也是开发潜在需求的重要途径，它有利于使潜在买主变为现实买主。有这样一个故事：两家鞋厂的两位推销员，同一天来到某岛推销鞋子，却发现当地人都没穿鞋子。一位推销员十分丧气："这里的人都不穿鞋子，我马上离开。"另一位推销员则十分高兴："这里的人都没鞋子穿，我要长期住下。"两位推销员一走一留，说明了认识潜在需求的重要性。走者只看到了现实需求，没看到潜在需求，见当地人都没穿鞋子，就认为当地人不穿鞋子，丢了颇有潜力的潜在市场；而留者目光远大，意识性强，看出这是一个值得开发的潜在市场，只要采取恰当的经营对策，就可使潜在需求转化为现实需求，因而决定住下来，开拓这一新的市场。

世界上没有卖不出去的产品，只要经营者善于开发潜在需求，还有什么东西卖不出去呢？

生产者

◎ 生产者剩余——企业的利润

生产者剩余是生产者卖出某种商品实际收到的金额与愿意接受的金额之差。更准确地说，生产者剩余是所有生产单位边际生产成本和商品市场价格之间差额的总和。

面对一个市场价格，卖者愿意出售自己商品的条件是价格不能低于他的成本。生产者剩余实际上就是卖者出售一种物品或服务得到的价格减去卖者的成本的差额。

举例来说，电影院提供一部电影，以不低于40元的价格销售，而消费者愿意出80元购买，最终电影院以80元的价格出售，那么生产者剩余就是40元。

生产者剩余说白了就是企业赚的利润。这里的关键问题是各家的成本中谁的成本低，谁就能够获得较多的生产者剩余。假如现在有三家计算机供应商，IBM的成本是7800元，联想的成本是7500元，华硕的成本是7000元，如果都按照8000元的价格出售，那么他们出售一台计算机将分别获得200元、500元和1000元的生产者剩余。同时，如果这些企业采取新的技术和管理措施，使成本进一步下降，那他们可以获得更多的生产者剩余。

把生产者剩余和消费者剩余放在一起，我们可以看出，它们所表示的实际上是买卖双方在交易过程中所得到的收益。我们也可以通过图4-2所示来了解生产者剩余和消费者剩余。从几何的角度看，它等于供给曲线之上和市场价格之下的那块三角形面积。

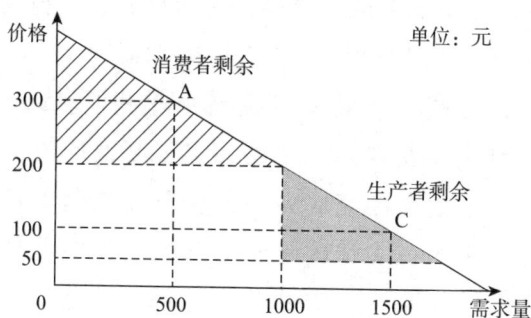

图4-2　生产者剩余

为什么在我们购物或商家销售时会出现讨价还价的场景？因为有消费者剩余和生产者剩余。那双方如何获利？商家通过卖贵来赚取消费者剩余，顾客通过压价来压缩生产者剩余。

生产者剩余和消费者剩余之所以被称为"剩余"，其基本原因在于，这是它们分别得到的额外所得。对消费者来说，这是一种心理满足。生产者剩余则是成本与接受价格之间的差额。

❂ 生产效率——增加企业利润的关键

降低成本是企业经营的重要目标，而生产效率理论是企业在降低成本后为何能够提高企业竞争力的重要理论基础。生产效率是一组产出与投入之比率，投入愈少，产出愈高，效率就愈高，成本也就愈低。

就现在企业发展的整体状况来说，生产效率在一定程度上影响着企业的核心竞争力。很多企业老板都曾陷入效率低下、交期严重滞后、工人上班时间过长及企业成本过高等问题泥潭之中。这些老板本着头痛医头、脚痛医脚的管理思想，制定方案，实施改革……

可是，效果不甚理想。

所以，解决效率低下或者交期滞后等问题，关键在于找到"病根"。而这一切问题的"病根"就是生产效率低下。

简单地讲，提高生产效率可提高企业利润、降低企业成本。没有效率就没有企业发展，效率在一定程度上反映了一家企业的成长状态。如今，效率已经成为一家企业战胜竞争对手的法宝之一。例如，海尔集团在实施国际化战略时，效率就是其关键制胜因素之一。张瑞敏曾说过："与世界上老牌企业竞争，海尔的最大优势就是高效率。"

可见，提高生产效率就是加强企业竞争力，这也是企业提高生产效率最基本的意义。

对生产型的企业来说，增加利润的关键点就是提高生产效率。那么如何提高生产效率呢？

生产效率的提高是通过两个途径来实现的：一是技术创新。二是改善管理。在市场经济条件下，企业追求利润的内在动力和竞争的外在压力迫使企业不断在这两个方面努力，通过提高生产技术水平和管理水平来提高企业的生产效率和经济效益。

◎ 次发优势——后来也能居上

在经济学中有两个概念，即先动优势和次发优势。

在市场营销中，先动优势理论多用来解释在市场竞争中先进入市场者相比后进入者存在着哪些竞争优势。因此，在企业的科技竞争中，先动优势理论主要解释企业优先研发和运用新技术能为企业带来哪些竞争优势。

次发优势又被称为后动、次动优势，后发优势，先动劣势，是指相对于行业的先进入企业，后进入者由于较晚进入行业而获得的较先动企业不具有的竞争优势，通过观察先动者的行动及效果来减少自身面临的不确定性而采取相应行动，以获得更多的市场份额，如研发成本优势、行业风险把握优势等。在经济领域，存在着市场进入次序优势，包括先动优势和后动优势。

在顺序博弈中，有一些博弈既无先动优势也无次发优势，有一些博弈具有先动优势，也有一些博弈具有次发优势，还有一些博弈同时具有先动优势与次发优势。

率先行动者抢得先机，从而在竞争中取得某种竞争优势。相对于后动者，先动者在某些领域有着重要的不对称优势，或者说先动者因进入壁垒而获取竞争优势。"先下手为强，后下手遭殃"，说的就是先动优势。

对后进入市场的企业而言，意味着进入壁垒要花更多的资源才能与先动者进行竞争。这是因为，先进入市场的企业会通过率先建立声誉、抢占有利地位、使用最佳销售渠道、规定行业标准以及制度壁垒等方式，获得率先进入者的优势，从而使后进入市场的企业在竞争中处于劣势。

先动优势的形式多种多样，一项研究显示，在市场上，早期进入者通常会比晚期进入者享有更高程度的顾客偏好和忠诚度，早期进入者会在转换成本、声望、资讯和消费体验方面的不对称中受益。

在企业竞争过程中，先动优势往往表现为对市场的占有率高、具有高额的销售收益等。然而，虽然先发者可以依靠率先推出的产品占领市场，赢得先机，但同时也会面临较大的市场风险，因为市场往往是利益与风险并存的。在这个意义上，先发者就是后发者的铺路石和试验厂，那些后发者相对就少了探路和摸索的风险，因此后发者的优势被称为次发优势。次发优势基于市场的风险性和不确定性，因为任何先行者必须面临的问题就是市场的不确定性，商业史上大量的事实证明，市场预测的正确性非常低。例如，在刚刚发明电话的时候，有人曾预测它将成为发布广告的新媒介，结果却完全不是这么回事。有时候，一个很有价值的创意，如果未逢其时，也一样会成为先行者的陷阱。

即使先发者在恰当的时机推出了恰当的产品，后发者还是有机可乘。因为新开发的产品往往存在重大的设计缺陷，后发者可以乘机推出更好的产品，抢走市场份额。即使先发者没有明显失误，后发者仍可以通过更新产品或营销方式取得胜利。技术总是在变，人对产品的感受过程却基本相似，抓住主要技术潮流，用新方法出售老产品往往能事半功倍。

◎生产可能性边界——让生产发挥最大效率

生活经验告诉我们，人不能拥有世间一切物品。通常我们会听到这样的话："你可以选择巧克力，也可以选择香草冰激凌，但是不能两者统统都要。"同理，一个国家也不能没有限制地得到它想要的一切物品，因为这要受到资源和可供利用的技术的制约。

一家食品公司要同时生产饼干和方便面，公司该怎样筹划明年的生产计划，使得公司的资源得到有效利用，取得最大赢利？如果调动所有资源去生产饼干或方便面，各自都会有一个最大的生产量，但公司不能光生产一种产品，而忽略另一种产品，饼干和方便面都有各自的市场，放弃任何一种产品，公司都会失去部分订单。因此，老板应筹划好饼干和方便面的产量。

这个问题的答案，就涉及经济学上的"生产可能性边界"（又称"生产可能性曲线"）的问题了。生产可能性边界是指在可投入资源数量既定的条件下，一个经济体所能得到的最大产量。在经济学中，生产可能性边界是一个重要的概念，它是理解稀缺性和其他重要问题的关键。如果企业的生产在这一边界内，就说明其尚未达到有效生产；如果超过这一边界，则意味着其目标超过了企业的生产能力，难以达到。

生产可能性曲线用来表示经济社会在既定资源和技术条件下所能生产的各种商品最大数量的组合。为了简化问题起见，我们假定某一经济社会仅生产两种产品——黄油和枪炮。如图4-3所示，F点表示在既定资源下，可以生产G单位的黄油以及H单位的枪炮；C点表明在相同资源下，可以生产B单位的黄油和E单位的枪炮。

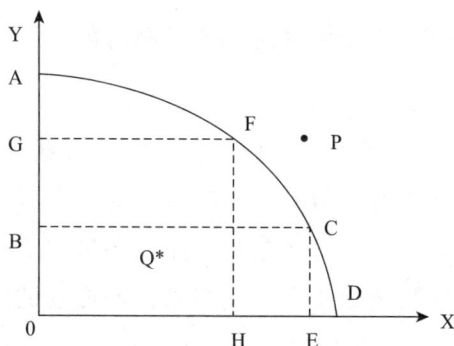

图4-3 生产可能性曲线

生产可能性曲线揭示了稀缺法则，任何经济不可能无限量地生产，图4-3中的P点便代表着在现代条件下不可能实现的产量组合。稀缺性迫使人们做出选择。生产可能性边界使人们的选择具体化，对企业而言，选择就是决定按生产可能性边界上的哪一点来进行生产，即生产的两种产品的组合是哪一种。这种选择取决于消费者个人的偏好，这种偏好实际上就是生存的必需与消费愿望的结合。以消费满足程度最大化为目的的人会做出理性选择，即能实现这种最大化的选择。运用生产可能性边界就可以使选择具体化。

消费者

◎ 消费者需求——刺激经济不能强制消费

商家真正的竞争对手并不是同行，而是瞬息万变的顾客需求。很多老板都在关注产品差异化，有时甚至为了差异而差异，却恰恰忽略了消费需求，没有充分考虑到整个销售链中最末端、也是最重要的消费者。一厢情愿地生产出消费者并不需要的产品，这场仗如何能赢？

消费者的需求每天都在变化。所谓需求，就是顾客从商品中寻求的价值。我们以图书为例，思考一下何为需求。图书就是将消费者想要获得知识这一需求，以文字、图片等肉眼可见的形式，进行包装后产生的商品。消费者通过图书的包装感受它"价值"，然后购买。但是，消费者所需的"价值"各种各样，难以把握。即使很多顾客想要购买相同的商品，他们所认为的商品优点也很可能不同。比如，图画书的顾客会以"喜欢故事内容""图画风格可爱""是作者的粉丝""想买来作为礼物送给他人"等理由来购买。"价值"发生变化的主要原因有流行趋势和经济全球化等共通的原因，也有入学、就业、结婚等生活方式变化，以及兴趣、心理变化等个人原因。

消费者需求不会急剧变化，而是每天逐渐地发生着改变。店长即便能够快速应对急剧的变化，但有可能对这种逐渐的变化束手无策。如果不能意识到每天的变化并对这一变化进行应对，顾客就会感受不到卖场的魅力，进而不再光顾。

经济低迷时期，刺激经济常常是各级政府采取的措施之一。但刺激经济需要考虑到其长远的、全面的效应。

说到底，消费取决于收入。凯恩斯早就提出，收入分配不平等制约了消费。人的需求总是有限的，富人收入迅速增加，但他们的大多数需求都得到了满足，因此其收入中用于消费的比例相当低，甚至是下降的。穷人有消费的欲望，但收入有限，收入中用于消费的比例再高，绝对量也是有限的。政府希望刺激市场，尤其是打开农村消费市场，但农村消费市场总是"启"而不"动"，原因就在于农民收入增加缓慢。此外，由于社会保障，尤其是教育、医疗、养老制度等不完善，即使是收入不低的人也不敢消费。

尽管政府已经采取了许多措施，改善收入分配的格局和完善社会保障体系，但这些措施不是短期就能解决的问题，想要见效还需要一定的时间。想在经济低迷时让消费迅速增加是一个不现实的愿望。在经济困难时，更需要提高政府运用政策调节经济的水平和艺术。

◎ 消费者剩余——消费在经济增长中的作用

既然消费者在不同价格水平下购买不同数量的商品，即价格高，他就少买，甚至不买，价格低，他就多买，那么他的购买行为是如何发生的呢？这就需要探讨消费者剩余这一概念。

消费者剩余是指消费者为取得一种商品所愿意支付的价格与他取得该商品而支付的实际价格之间的差额。产生差额的原因在于，除最后一单位外，该商品用货币表示的边际效用都大于其价格。消费者剩余与生产者剩余两者相加，即为"市场总剩余"。

产生消费者剩余的原因一是边际效用递减律，二是消费者根据对具体产品或服务边际效用的评价而愿意支付的价格，经常高于他们实际支付的由市场供求关系决定的市场价格。

影响消费者剩余的主要因素有：

（1）垄断对消费者剩余的影响。西方经济学认为，垄断导致产量减少、资源浪费和技术上的低效率。垄断不仅使消费者剩余向生产者剩余转移，还涉及制造和竭力防止这类转移的成本。处于垄断地位的企业谋求垄断利润，必然会造成较低产量和较高价格，使消费者剩余减少，并造成社会性损失。这种福利损失也被称为无谓损失，是指实际收入的损失，或由于垄断、关税、配额或其他破坏所引起的消费者剩余和生产者剩余的损失。

（2）政府规制对消费者剩余的影响。政府规制一般都有维护公共利益的目标，但在实际过程中往往偏离这一目标，主要是因为每一项规制措施出台的背后都是多种力量博弈的结果。

（3）税收对消费者剩余的影响。不合理的税制会导致消费者剩余的减少。课税扭曲了被课税商品与其他商品的消费选择，并由此造成税收超额负担。

（4）国际贸易和关税对消费者剩余的影响。一个国家不一定能真正从贸易中受益。一般认为，国际贸易可以促进竞争，增加商品和服务的可选性，从而使消费者受益。如果消费者从国外企业所生产的产品中得到的利益大于国内生产者所遭受的损失，即国外消费者剩余的增加大于国内生产者剩余的减少，那么进行贸易就是有利的。通过贸易自由化，一个国家可以获得本国由于资源或技术限制而无法生产的产品，从而提高国内福利水平。

（5）产权制度对消费者剩余的影响。产权制度对消费者剩余是有影响的。企业产权扭曲度变动的福利效应与它是否会导致恶性竞争定价有关。一般情况下，私有产权的高效性主要表现为所有者剩余的最大化，但它往往会侵蚀资源的其他剩余，比如劳动者剩余或消费者剩余。

◎ 边际效用递减——苹果吃多了也会感觉恶心

德国经济学家赫尔曼·戈森认为，效用与欲望的强度成正比，与商品的所有量成反比，因此，当商品的所有量增加时，边际效用就会逐渐递减。这就是著名的经济学十大原理之一的"边际效用递减"。

边际效用递减原理是经济学中的重要原理，即消费者在消费某一物品时，每一单位物品给消费者带来的效用是不同的，它们呈递减关系。边际效用递减原理成为人们做出生产消费、供给需求等经济决策时必须遵循的基本原理。这一原理不仅能分析和解释经济现象，对于生活中的各种问题也都能从中找到答案。

比如吃苹果，吃第一个的时候会觉得它异常香甜。吃第二个的时候，香甜感就没吃第一个那么强了，但还不至于到讨厌的地步。吃第三个的时候，就觉得它可吃可不吃。吃第四个或四个以上的时候，就觉得它不仅不香甜，而且还有几分让人感到恶心了。此时，苹果对我们的效用就是负的，它不仅不能带给我们好处，反而成了我们的负担。

边际效用递减原理广泛地存在于日常生活中。比如，为什么新人的工作干劲大，而过几年大家都意志消沉、尽显沧桑了呢？这就是因为如果一个人在一段时间内一直做着同样的工作，重复着同样的劳动，那么，工作带给他的新鲜感和满足程度是一直边际递减的。这也就不难理解一个人为什么很难在一个没有任何变化的工作岗位上工作数十年了。当然，这个也不是没有办法解决的。

边际效用递减原理有一个前提条件——在其他商品的消费数量保持不变的条件下。如果我们打破这个前提条件，边际效用递减原理也就不成立了。如果在长时间内一个人在岗位上没有得到晋升或者变化的机会，又不让他产生辞职的心态是有可能的。比如，改变工作内容，让他产生新鲜感；加强公司对员工的关心程度；提高员工的薪水；改变公司奖金的发放原则；等等。打破边际效用递减原理的条件，对企业老板来说是很有借鉴意义的。

◎ 替代效应与收入效应

当一种商品的价格发生变化时，会对消费者产生两种影响：一是使消费者的实际收入水平发生变化；二是使商品的相对价格发生变化。在这里，实际收入水平的变化被定义为效用水平的变化。这两种变化都会引起消费者对该种商品需求量的变化。

一种商品价格变动所引起的该商品需求量变动的总效应即价格效应，可以被分解为替代效应和收入效应两个部分，用公式表示为：

价格效应＝替代效应＋收入效应

一般来说，正常商品需求量与消费者收入水平呈同方向变动，劣等商品需求量与消费者收入水平呈反方向变动。正常商品价格下降（或上升）将导致消费者实际收入水平提高（或下降），消费者会增加（或减少）对该商品的需求量。可见，正常商品的收入效应与价格呈反方向变动。类似地，可以得出劣等商品的收入效应与价格呈同方向变动。由于正常商品与劣等商品的区别不对它们各自的替代效应产生影响，所以，对所有商品来说，替代效应与价格呈反方向变动。

2019年，我国猪肉供应紧张，简直一天一个价，并带动牛、羊肉等全线涨价，消费者只好改吃鸡肉、鱼肉、蛋类和蔬菜等，更有市民弃肉转素。然而，在替代效应的影响下，鸡鸭肉、蛋类等的价格也不断升温了。至2021年上半年，猪肉的价格才有少许回落，但部分地区仍高于 2019 年的水平。

对所有商品来说，其替代效应都是相同的，就是随着某一种商品价格的下降，消费者对其需求量都是增加的。而对不同商品来说，其收入效用是不同的。对正常品来说，替代效应与价格水平呈反方向变动关系，收入效应与价格水平也呈反方向变动关系。所以总效应也必定与价格呈反方向变动关系。

对低档品来说，替代效应与价格呈反方向变动关系，收入效应与价格呈同方向变动关系。通常来说，替代效应的作用大于收入效应，所以总效应与价格呈反方向变动。对吉芬商品来说，其替代效用也与价格呈反方向变动关系，收入效应与价格呈同方向变动关系。通常来说，吉芬商品的收入效应的作用大于替代效应的作用，所以其总效应与价格呈同方向变动关系。

第五章

管理效率：产权、制度与效率

产　权

◎ 产权——备受关注的资产归属感

有了财富就是有了使用权，这种权利也被称为产权，更确切地说是一种财产权。所有财富必须以产权为基础。产权包括财产的所有权、占有权、支配权、使用权、收益权、处置权。

以法权行使体现所有制关系的科学合理的产权制度，是用来巩固和规范财产关系，约束人的经济行为、维护商品的经济秩序、保护商品经济顺利运行的法权工具。

任何产权都是以特定的客体为前提和基础的。"产"即为客体。任何产权都是依赖于特定客体的产权，客体有多种表现形式，如财产、资本、资产、商品等。可以说，产权是主体对客体一系列权利约束的总称。

产权具有独立性、排他性、可分离性和可转让性，其他任何人不得侵犯。在市场经济制度下，政府的职责是保护产权。产权的重要性在于它的确立能提高经济效率，其关键是降低了交易费用。产权也是稳定、和谐社会的基础，有了产权的社会才是最为稳定和谐的社会。产权还能促进经济增长，因为创造财富的是人，是人的积极性，只有当个人拥有明确的产权，个人创造财富的积极性才能被最大限度地调动起来。

◎ 产权形式——家族企业如何基业长青

产权可分为三大类，即原始产权、法人产权、股权债权。

原始产权也被称为资产的所有权，是指受法律确认和保护的经济利益主体对财产的排他性的归属关系，包括所有者依法对自己的财产享有占有、使用、收益、处分的权利。

法人产权即法人财产权，包括经营权，是指法人企业对资产所有者授予其经营的资产享有占有、使用、收益与处分的权利。法人产权是伴随着法人制度的建立而产生的一种权利。

股权债权即在实行法人制度后，由于企业拥有对资产的法人所有权，致使原始产权转变为股权或债权，或称终极所有权。原始出资者能利用股东（或债权人）的各项权利对法人企业产生影响，但不能直接干预企业的经营活动。

这些产权按基本形式又可分为共有产权和私有产权。属于国家、政府、公共团体的产权，就是公有产权。共有产权、集体产权、国有产权等都是公有产权的不同具体形式。

属于个人的产权被称为私有产权，私有产权的最基本特征是其产权主体是特定的个人。一些经济学家也将公有产权中的按份共有以及私有制基础上的股份制企业称为私有产权。私有产权不仅是私人所有权，还包括私人所有的其他权利。例如，购买商品房所拥有的 70 年土地使用权，就是私人产权，私有财产都受到法律保护。

任何一项产权都会有一个效率的问题。产权的效率指的是将某项财产产权用于交易、经营或者其他目的时产生的经济、社会效果。通常，清晰的产权会产生较高的效率，不清晰的产权则会导致较低的效率产生。

民营企业的产权集中在唯一的所有者身上，可以很容易地实现产权转让。但是，其致命缺点在于一个人的财力有限。这种单人业主制的企业很难做大。企业规模小，就难以实现规模经济，从而损失了另一种效率。效率的来源不只是产权，可能规模经济的效率更高。

合伙制企业也被称为公有制企业，是私有制企业的另一种形式。家族企业由家族成员共同所有并共同经营，是合伙制的典型形式之一。但在国际上，家族企业的定义不是合伙制企业，而是家族控股两代人以上的股份制企业。从法律上说，合伙制企业属于无限责任，即共同所有的每一个所有者都要对企业承担完全责任。每个合伙人都可以作为企业代表，以企业的名义进行经营活动，其风险非常大。这种合伙制企业在利益和决策上的冲突极易发生，导致企业难以基业长青。

在家族企业中，各成员共同努力，发挥出"打虎亲兄弟，上阵父子兵"的优势，相互之间的信任和亲情使企业具有凝聚力。但当企业做大后，利益和决策之间的矛盾逐渐突出，制约企业的发展。在市场经济中，血缘与亲情不能代替利益，利益关系要重于血缘和亲情，必须用制度来解决利益冲突。

家族企业基业长青的基础是产权清晰，这就要走向股份制。只有在采取股份制的产权形式基础之上，才有家族企业制度化的非家族管理，企业才会基业长青。

◎ 产权明晰——私有产权的建立

一个完整的产权包括了四种权利：占有权、使用权、转让权、受益权。这四种权利统一在一个所有者的身上，即某种财产有一个明确的所有者，即产权明晰。产权明晰是市场经济的基本要求，产权问题与资源配置效率相挂钩，而产权明晰能最大限度地消除外部性，提高市场化配置效率。

产权明晰是资源配置最优化的重要前提，是建立现代产权制度的核心。但产权明晰化不等于财产的私有化。例如，国有企业的产权归国家而不是个人，其产权也是明晰的。但是，在市场经济条件下，由个人投资和经营而积累的各种财产理应归投资者所有，国家不应该无条件地剥夺其财产。

关于产权界定和效率的关系，经济学家科斯曾经说过，只要产权是明晰的，那么不论产权如何归属，都可以实现资源的最优配置。这就是著名的"科斯定理"。在市场经济条件下，提高效率只有在公开竞争中才能实现。而公平竞争如果离开了以产权明晰为前提的等价交换，则是无法形成的。所以，产权明晰尽管不是提高市场效率的充分条件，却是不可或缺的必备条件。

当然，产权明晰并非治理企业百病的灵丹妙药，也并不是说产权明晰就一定能产生效率。但产权明晰确实为企业解决了各种各样的问题并提高了效率。正因为这样，企业老板都应该重视产权的问题。

◎ 剩余控制权——人人都有决策权等于没有决策

剩余控制权是合同中没有规定的权利。剩余控制权对企业老板尤为重要。所谓的"剩余"，就是剩下的。为什么剩下的权利反而最重要呢？我们从 ofo 小黄车的破产历程可以更清晰地了解这个概念。

2016 年，共享单车突然席卷全国。资本纷纷加注，企业迅速投放，共享单车市场快速发展、壮大。共享单车解决了公共交通体系长期以来"最后一公里"接驳的难题。可到 2018 年，共享单车之一的 ofo 小黄车差点破产了。腾讯总裁马化腾认为，ofo 小黄车的失败要归因于太多人都拥有一票否决权，导致决策失灵。ofo 小黄车确实有大量的投资人，其中包括滴滴、阿里巴巴和经纬投资等。投资方都对 ofo 小黄车的重大决策有一票否决权。大家都是老板，也就没有了老板。一家企业只能有一个老板，一个决策者，否则就会导致决策效率低下。

在一家企业中，很多权利都是根据公司章程分配的，权利应该没有剩余的，各人各司其职，分工执行。但是企业在经营中会遇到各种不确定的状况，在这种突发状况下，谁有权力拍板，我们就说他有剩余控制权，他就是真正的老板。如果剩余控制权归属不清，就会造成老板职责缺位。相对来说，那些提前规划好的经营决策其实都不是最重要的，这些不确定情况下的决策反而是最重要的。剩余控制权的归属对企业来说生死攸关。

现代企业的控制权争夺，往往是创始人、投资方和管理层之间的博弈。理论上来说，企业的创始人、管理层和投资者的目的应该是一致的，这对企业的长期发展也是有利的。但是现实情况并非如此，由于对企业发展战略的认识不同，三方往往有不同的判断和选择。所以在企业的快速发展过程中，创业者必须平衡权力的控制，把握好发展速度与控制力度之间的关系。

股份制

◎ 股份制的基本特征——股份制的生命力何在

股份制是现代企业的一种资本组织形式，有利于所有权和经营权的分离，有利于资本集中和产权流动，有利于提高企业和资本的运作效率。

股份制完全不同于无主所有、产权不明晰的公有制。无论其股东有多少，其产权都是明晰的，有明确的所有者。股份制是适应社会化大生产和市场经济发展需要，实现所有权与经营权相对分离，利于强化企业经营管理职能的一种企业组织形式。股份制的所有者不是一个人，而是有许多人，从而可以集无数人的财力把企业无限做大，然后大家统一使用，合理经营，自负盈亏。

从法律上来说，股份制企业的所有者（股东）并不承担无限责任，而是承担有限责任，即其责任以其最初所购买的股份为限。例如，一家股份制企业破产了，欠债 2500 万元，一个在这家企业购买了 100 股的股东，如果每股 100 元，共投入 1 万元，他的损失最多就是这 1 万元，企业的其他债务与他毫无关系。这就是说股东的投资风险是有限的，是可以控制的，这就为许多互不认识的人合作办企业、从事风险投资创造了有利的条件。

如今，股份制已成为市场经济中最主要的企业产权形式。股份制之所以能得到如此广泛的运用，是因为它具有其他产权形式所没有的优势。

股份制中每个股东并不是平等的，股东所拥有的股权数量决定了其拥有的权利和应负的责任。也就是说，股份制企业股东大会实行一股一票制。在股东大会上，投票权决定了权利。与权利相对应，有多少股权也就承担了多少责任。股东通过分红来获得利益，股权的多少决定分红的多少。同时，每个股东对自己的股权拥有完全处置权，可以在市场上自由买卖。股权的自由买卖就是产权的转让。正是在这种转让过程中，股份制企业由经营效率最高的人控制，这就使资源流入有效使用这些资源的人手中。总之，产权明晰带来效率的权责一致在转让股份制中完全实现了。

◎ 不是"一股就灵"——企业的人治与法治

采用股份制可以使企业具有顽强的生命力和广泛的适应性，但任何事物都是有利有弊的。股份制企业的生存发展也需要有适宜的外部条件和内部条件。这就像树木虽有涵养水分、调节气候、改造环境的功能，但如果没有必要的阳光、水分、空气、土壤，树木就难以成活，它的功能也无法发挥一样。不能设想在一个特别恶劣的不适宜植物成长的环境里，让树木去发挥改良环境的作用。

股份制的顺利推行也需要一定的环境条件，其外部环境条件包括政治稳定、法制健全、市场发育成熟、商品交易有序、企业竞争平等；其内部环境条件是企业成为独立的商品生产者和经营者，自主经营，自负盈亏，人权、财权独立。因此，实施股份制需要有良好的外部环境和内部条件，内外部基础越好，股份制就越能顺利成长和实现规范化，它对社会发挥的作用也就越大。

我们不能把股份制当成灵丹妙药，以为"一股就灵"（即把股份制堪称包治企业病的灵丹妙药）、"一股就化"（不管条件差异，一刀切）、"一股就了"（停止于筹集资本，搞翻牌公司）等。

股份制企业也不能一个人说了算，新疆德隆的倒下和四川长虹的衰落，就是鲜明的教训。股份制企业，要想成功，必须从人治走向法治。

人治的企业是一个人说了算的企业。老板一个人说了算，虽然企业也有制度，但制度体现了老板的意志，是制约别人而非制约自己的。有的股份制企业也有董事会及各种制度，但这些都形同虚设。企业的决策出自一人，个人即企业的化身。

法治企业是按一套早已制定出来的制度来决策和执行的企业。制度是企业的根本。这种企业也需要一个精明能干的决策者，但其权利不是绝对的、无限的。他的权利是制度赋予的。制度保证决策者的作用可以充分发挥，企业决策者不论是所有者，还是被赋权的经营者，都可能会犯错误，也可能离开企业，其个人因素并不能影响企业的兴衰。企业仍可依靠有效的制度而基业长青。这种企业的发展也可能会遭受挫折，但其具有自我纠错机制，不会一条路走到头，直至企业消亡。

企业由"人治"走向"法治"，才能长足发展。"人治"就像走钢丝的艺术，虽能为观众奉上精彩绝伦的表演，但是步步惊险，即便表演者技巧娴熟，技艺达到炉火纯青的境界，也不能保证永远万无一失。而"法治"则好比企业的"保险绳"，可以通过科学的管理方式和完善的企业制度给企业带来长治久安。一流的企业用"法治"管人，二流的企业用"人治"管人。企业若想获得长足发展，需从"人治"过渡到"法治"。

◎ 董事会——独立董事不是花瓶

在公司治理体系中，董事会是核心和灵魂，公司能不能发展得好，关键在于是不是有一个结构良好、体系良好、功能良好的董事会。

投资者为了维护自身的投资利益，监督和控制经营者，建立股东大会来掌握企业最高决策权。公司董事会是由股东选举出来的监督管理者、保证企业按符合股东利益最大化要求经营的治理实体，是股东的代理人。由于大多数投资者作为股东没时间和能力来有效地监督和控制经理人员，因此设立了董事会。

董事会代表所有者和股东做出公司的重大决策。其主要职权是组织召开股东大会，执行股东大会的决议；制定公司战略、经营目标、重大方针和管理原则；选拔任命高层管理人员，并决定报酬和奖惩；协调公司与股东、管理部门与股东之间的关系；提出盈利分红方案，由股东大会决议；提供公司真实准确的信息；做出公司投资、合并、重组等重大决策；通过审查财务报表监督企业的运营等。

管理大师德鲁克认为，董事会是企业高层管理者的特殊集团之一，需要特殊管理。发挥董事会作用也是高层管理者取得成效的有效方法。

作为公司治理的核心，董事会的核心作用极为重要。董事会的功能发挥如何，直接关系着股东及利益相关者的切身利益，这些利益关系能否得到有效协调，最终关乎公司的成败。

德鲁克认为，要保证高层管理者的责任和任务，就需要有效发挥董事会的作用。只有有效地发挥董事会的作用才能避免高层管理者各行其是。他强调，要想使董事会发挥其作用，就必须保证董事会是一个向高层管理提供谈话的人，是一个提供自治的机构，是一个精神支柱，是一个咨询者和顾问。如果董事会无所事事，高层管理者必然会各行其是。要想保证高层管理者的工作卓有成效，就必须充分发挥董事会的作用。

董事分为三类，即内部董事、外部董事、独立董事。内部董事是受雇于本公司或附属公司的董事，外部董事不是公司的雇员，但也不属于独立董事。独立董事与公司之间不能存在重大经济利益关系。董事会中应有足够数量具有独立判断能力、关心公众利益的独立董事。

董事会集监督和决策权于一身，董事会由若干名董事组成，董事大多由大股东代表出任。董事会全权负责聘任、监督和控制高级经理人员。高级经理人员的职责只是接受董事会委托，代理经营企业的日常经营活动。由于董事会的董事大多是由大股东代表出任，董事会所做出的重大决策势必符合大股东的利益。为了防止大股东损害中小股东利益的事件发生，为了使董事会通过的决议达到公开、公正、公平的目的，迫切需要聘请企业外部的有关专家作为独立董事代表中小股东和企业的利益，以企业长远发展战略为重，以符合整个企业和中小股东的利益为目的，来监督和控制企业内部的董事和高级经理人员。独立董事应运而生。

无论董事会组成采取什么样的结构，都应该有足够的独立董事，他们能给董事会带来客观的观点。独立董事应该对企业内部的董事和高级经理人员做出客观公正评价。当大股东、中小股东、高级经理人员和企业之间发生利益冲突时，例如决定内部董事和高级经理人员报酬、有关重要人员的任用、收购和反收购计划、企业控制权的变动以及内部财务审计等，独立董事的意见能够影响董事会的决议。有经验的高素质的独立董事的引进可以改善公司的决策质量，进而影响公司在未来的成功，甚至生存。

◎ 公司组织架构——组织设计，激活个体

管理效能低下会影响企业的进一步发展。华为、福特、通用汽车和海尔凭借五种组织架构，让个人的生产积极性得到释放，从而让企业得以持续发展。

有这样一组统计数据：中国中小企业的平均寿命只有 2.5 岁，平均就业人数为 13 人。也就是说，大多数企业还没等长大，就已经消

失了。这些企业寿命短暂的原因之一就是组织设计出了问题。好的组织设计可以明确个体的责任，授予个体相应的权限、给个体赋能、给个体配资源，并且给个体相应的利益，从而激活个体。

在激活组织、解放个体方面，通常有五种方法值得借鉴——流程化的组织设计、事业部制的组织设计、扁平化的组织设计、矩阵式的组织设计、生态化或平台化的组织设计。它们正被华为、福特、通用汽车和海尔等知名企业运用到实际管理中。

流程化的组织设计根据客户群要求，从销售端商务活动领域逐渐向后端开始延伸，形成一条由功能型团队首尾相连构建起来的价值创造流程。20 世纪 20 年代，福特工厂里有 8 万名操作工人，他们都是从南美洲移民过去的，没有受过教育，也没有家庭传承的手艺，只是纯体力劳动者。福特把他们放在一个工厂里，创建了一家世界级的公司。当时，福特生产的"T 型车"在全球的市场份额达到了 50% 以上。福特依靠的正是 5% 的技术工人和技术人员，他们每个人各自掌控着一段流程。除跟工人一起干活之外，他们还要帮助生产线的工厂制定操作指南，帮助工人们熟练掌握每一项操作。随后，所有的企业都开始学习福特的生产活动领域的流水线作业。

事业部制的组织设计依据企业所经营的事业按照不同的产品区域、客户群进行划分，在企业内部设立多个事业群，赋予其管理自主权，在财务上进行独立核算，但受公司总部把控。1923 年，艾尔弗雷德·斯隆出任通用总裁，斯隆开始整顿通用，根据公司规模、业务取向及发展战略的不同组织公司架构，并随着技术的进步和市场环境的变化不断对这一架构加以调整。合理的组织结构是建立起内部科学管理机制的基础，有助于提高组织资源配置效率、加强组织抗风险能力、并形成良好的组织文化和激励动因，保证组织的高效率运作。

除直线职能式的组织架构和事业部制的分权式组织架构外，还有超事业部结构、模拟分散管理结构、矩阵式结构、多分位制结构等组织架构的形式。通常，当企业的规模不大的时候，组织架构问题不明显，但企业做大后，这个问题就变得突出了。企业从人治走向法治，要实现制度化运行，组织架构正是从制度化运行的框架。

激　励

◎ 激励机制——有激励才有效率

著名管理顾问尼尔森认为，为顺应未来趋势，每个管理者都应立即根据自身的条件、目标与需求，设计出一套低成本的"激励员工计划"。在尼尔森看来，员工的工作积极性，绝不会只来源于高薪，关键是看这家公司、这个组织有没有一套完善的激励机制。激励机制是指在组织系统中，中层管理者利用各种激励手段鼓励下属，并使手段规范化、相对固定化，与被激励的员工相互作用、相互制约的结构、方式、关系以及演变规律的总和。

激励员工从结果均等转移到机会均等，并努力创造公平竞争环境，激励要把握最佳时机。激励要有足够力度，要公平准确，奖罚分明。应当物质奖励与精神奖励相结合，奖励与惩罚相结合。

管理者要取得被管理者的追随与服从，必须能够了解被管理者的需求并帮助他们实现各自的愿望，使组织成员保持高昂的士气和良好的工作意愿。如何把员工为实现组织目标的工作意愿变为行动，并且能使其持之以恒，就需要管理者使用各种方法来激励员工，提高员工的工作积极性。员工被激励的程度与其工作绩效密切相关。

激励是一种有效的领导方法，它能直接影响员工的价值取向和工作观念，激发员工创造财富和献身事业的热情。激励的作用是巨大的！实践证明，经过激励的工作行为与未经激励的工作行为，其效果大不相同，激励能够使员工充分发挥其能力，实现工作的高质量和高效率。在个体能力不变的条件下，工作绩效的大小取决于激励程度的高低。激励程度越高，工作绩效越大；反之，激励程度越低，工作绩效就越小。

赫茨伯格的双因素理论指出，领导者在实施激励时，应注意区别保健因素和激励因素，保健因素的满足可以消除员工的不满，激励因素的满足可以促进员工的满意。不能忽视保健因素，如果保健性的管理措施做得很差，就会导致职工产生不满情绪，从而影响劳动效率的提高。另一方面，也没有必要过分地改善保健因素，因为这样做只能消除职工对工作的不满情绪，它的作用往往是很有限的、不能持久的，不能直接提高工作积极性和工作效率。若想持久而高效地激励员工，必须从员工的工作本身入手，改进工作内容，进行工作任务再设计等。注意对员工进行精神激励，给予表扬和认可，注意给人以成长、发展、晋升的机会。用这些内在因素来调动员工的积极性，才能起到更大的激励作用并维持较长的时间。

企业常见的激励机制有契约激励、股权激励、股票期权等形式。契约激励是指委托人采用一种激励机制以诱使代理人按照委托人的意愿行事的一种条款。在一个充满竞争的环境里，雇主（股东、决策者）必须设法引导其员工（经营者、核心人员）尽最大努力为其工作，这样可以降低公司成本，提高公司效益。股权激励的本质是让企业员工（包括经营者、管理人员、广大员工）拥有本公司股票并参与对公司利润的分配。员工广泛持股，即平时人们所讲的公司职工持股计划、管理层持股、股票期权都被认为是股权激励的形式。

◎ 员工持股制——让员工也当股东

员工持股制是由企业内部员工出资认购本公司部分股权，并委托员工持股会管理运作，员工持股会代表进入董事会参与表决与分红的一种新型股权形式，可分为四种类型：

（1）"已运用杠杆"的员工持股计划。该计划通过借款来购买企业的政权。雇主企业每年对员工持股计划信托的捐赠被用来支付贷款利息及偿还本金部分。在这种情况下，公司捐赠给员工持股计划的资金在计算应纳税时，属可以扣减的项目。

（2）"可运用杠杆"的员工持股计划。该计划得到了借款的授权，但没有被要求进行借款，而没有使用杠杆。

（3）"不可运用杠杆"的员工持股计划。该计划中不允许进行借款，因此本质上是一种股票奖励计划，只不过都要求主要投资于雇主企业的政权。

（4）"可进行纳税减免"的员工持股计划。公司将一定限额的金额捐赠给员工持股计划，就可以享受相应的税收减免。

通过全员持股计划，员工的工资收入与企业经营的好坏有直接关系，而且还影响其最后的分红收益。员工持股计划使员工与公司结成利益共同体，达到风险共担、责任共负、效益共创、利益共享，这样不同层面的员工都会自觉或不自觉地将自己的利益与企业的利益牢牢地捆在一起，企业与员工形成了"产权—责任—利益"的纽带关系。员工不仅感到自己是在为国家、社会劳动，更是在为自己劳动，员工对企业的经营、财产安全更加关心，工作更有积极性，也更爱护企业，自觉为提高企业的经济效益出谋划策、多作贡献。这样就有效调动了员工生产劳动的积极性，增强了企业的凝聚力和向心力。

员工持股制是以员工获得公司股权的形式给予其一定的经济权利，使员工自身利益与企业利益更大程度地保持一致，从而勤勉尽责地为公司的长期发展而服务的一种制度。员工持股制对改善公司治理结构、降低代理成本、提升管理效率、增强公司凝聚力和市场竞争力起到非常积极的作用。

◎ 股票期权制——给经营者的高额回报

股票期权制是企业所有者给予经营者的一种权利，即经营者可以以某一预先确定的价格购买本企业的股票，这样，为了使股票价格在未来不断攀高，经营者就必须关心所有者的利益，并使企业资产保值增值。股票期权制具有商品与金融资产的期货效果，它是面向未来的一种高级的人力资本定价机制。

股票期权是一项使报酬和风险相对称的长期激励计划，它比管理层持股具有更显著的激励和约束效果。其操作方法是：同经理人签订一个股权期货合约，假如企业当年 1 元 / 股，那经理人有权在 3 年内以 1 元 / 股购买 100 万股。为了支付 3 年以后的 100 万股，经理人先交出 5% 的定金，3 年以后企业资产增值了，每股的价格变成了 3 元或者更多，经理人仍然有权以 1 元 / 股买进 100 万股。没钱没关系，可以以 3 元 / 股卖掉一部分股权，例如卖掉 33 万股，就有 99 万元，可以买进 100 万股，而他原来的 100 万股中所剩的 67 万股的价值已达 201 万元。

股票期权制的最大妙处就在于，给经理人的高额回报建立在企业资产升值的基础上，把经理人的收入最大化与企业资产增值最大化直接挂钩，而这一切的标准就是股价的高低。如果经理人使企业获得长足发展，那么他个人将从股价的速涨中获得极高的收益。

股票期权作为股权激励的典型方式，一般只针对以总裁为首的少数高层管理人员和技术骨干，受益人主要为企业的高级管理人员和骨干人员，因此常被称作"高级管理人员股票期权"。它赋予高级管理人员或技术骨干一种选择权利，持有者可以在特定时期内行权，即在特定时期以事先确定的行权价购买本公司的股票。被授予人可以行使这种权利，也可以放弃这种权利。在行权前被授予人没有任何现金收益，行权后市场价格与行权价格之间的差价是被授予人获得的期权收益。在行权时，如果股票价格已上升，股票期权持有者将获得市场价和行权价的价差所带来的收益；如果股票价格已下跌，股票期权将失去价值，持有者将放弃行权。

股票期权制是分配制度的一种创新，高级管理人员只有在增加股东财富的前提下才可获得收益，从而与股东形成了利益共同体。这种"资本剩余索取权"驱动高级管理人员不断努力提高公司业绩，最终达到股东和高级管理人员双赢的局面。一般而言，上市公司最适合实行股票期权计划，而高科技企业最需要股票期权计划。

◎ 分享制——晋商票号的身股制

分享制是美国经济学家威茨曼在他所著的《分享经济》一书中提出的一种劳动工资制度。它是一种与企业经营情况有关的雇员报酬制度。分享制使得工人的工资与企业的收益之间有一定的联系。分享就是对经营成果的分享。

利润分享制在共同获利的基础上达到老板与员工利益的趋同一致，是老板与员工价值观念融通的桥梁，是双赢理念的又一体现。

分享制度不仅是企业与企业之间协同发展的基础，在企业内部，它也是协调企业老板与员工的一种最佳分配方式，从而使双方在企业运营过程中各获其利，都能得到意料之中的实惠。这种双赢理念之下的老板与员工的关系适应了现代经济与人性的和谐发展要求。

在一家企业中，作为老板，怎样与员工合作才能体现分享制的双赢理念？员工工作产出的结果往往没有达到他们所能做到的那么好。问题部分在于他们在协作方面没有如你所愿地那样好，你不得不管理他们，因为你不相信他们能管理好自己。你能够通过投入更好的厂房和设备而增加产出，但它无法提高你的员工的工作效率。因此，为了获得更好的结果，你需要更多地关注员工的工作方式。

分享制实际上是一种全员分红制。在分享制之下，所有员工的收入分为两部分：每月的固定工薪和年终（或某个时期）分红。分红的多少取决于企业效益的好坏。中国历史上晋商票号和现代日本企业都成功地采用了分享制。晋商票号业首创的"身股制"，是世界上最早的股权激励机制，是晋商管理思想的精髓之一。在当时实现了所有权与经营权的分离，其最基本的特征也是最重要的特征，就是将个人劳动力资本化，形成特殊的人力资本共享分配机制。晋商的身股制是一种长期有效的激励机制和动力机制，可避免掌柜与伙计的短期化行为，而且由于物质刺激，这一激励机制会呈现出一种良性循环。正是晋商在这一点上的聪明巧算，才使得他们有着强大的团队优势，数百年长盛不衰。

分享制的中心是把员工的个人利益与企业的效率密切联系在一起，让员工树立起一种"只有企业发展才有个人收入增加"的观念，自觉地避免机会主义行为，分享制下并不是每个人平等地分红，不同职务与地位的人分红并不同。企业中不同的人分享企业发展的不同成果，也承担企业所面临的不同风险。

◎ 公正出效率——激励机制中的公正

公正的经济价值在于，公正出生产力，公正出效率。这意味着公正能调动人的积极性，能够激发人的创造性。公正激发的生产积极性是永久性的效益，它不是金钱能够买到的。孔子说："君子喻于义，小人喻于利。"公正是大义，公正所调动的是君子的积极性；金钱重赏是小利，金钱和重赏所能刺激的是小人一时的奋起，金钱到手了，信义丧失了，积极性也就不存在了。道义和金钱都能调动人的积极性，要注意的是重赏只能偶尔为之，重赏实现的是特殊情况下的特殊责任。天天重赏，事事重赏，人人重赏，重赏也就成为轻赏了。

公正则是永久的，应该把永久的公正和偶尔的重赏结合起来，方能达到永久地调动员工积极性的目的。行使经济生产领域里的公正，一是严格遵循社会主义按劳分配原则；二是坚持优劳高酬原则；三是实现人尽其才，物尽其用；四是公平地对待每一个员工，为每一个员工提供公平竞争的机会；五是为弱势群体提供帮助；六是企业要承担扶危济困的社会责任。

一家有失公正的企业，亦如没有阳光的阴霾天空令人感到压抑乃至窒息。一家企业的薪酬制度是否渗透了"公正"理念，反映该企业待人处事的品德，也反映该企业人力资源管理的科学性和规范性。薪酬制度是否"公正"，将直接影响员工的满意度和忠诚度，进而影响员工工作的积极性、进取心和创造力，最终影响企业各项工作的效率，影响企业的发展，更影响企业的稳定。常听有些人事经理人抱怨，人才招聘很困难，员工工作效率太低，人才流失率太高等。研究表明，人才"进不来、用不好、留不住"，大多与薪酬问题有关，而薪酬制度有失"公正"，则是问题之核心所在。所以，"公正优先"是企业薪酬分配应该秉持的第一理念，公正是前提，效率是结果，公正是输入，效率是产出，公正是决定效率的先决条件。

因此，在激励机制中，只有公平公正的制度才能让激励更有效。要想通过公平公正的管理制度来激励员工，就要保证管理制度的有效执行。英国著名的哲学家培根曾经说过："有制度不执行，比没有制度的危害还要大。"只有将管理制度真正实施到实际的工作中，管理制度才能真正起到激励员工的作用。

要想通过管理制度达到激励员工的目的，就要在管理制度中体现公平。只有公平公正的管理制度才能让员工信服，才能在最大程度上达到激励员工的目的。管理者在处理每一项工作时，都要根据管理制度办事。这一过程就相当于在向下属展示管理制度中所表现出的评判标准和理念，管理制度是否公平，对员工有着切身的影响。所以，公平公正的管理制度会引发正确的、被公众认可的问题处理方式，而这一处理方式会激励员工正面的、向上的动力；如果管理制度不公平，那么其所引发的偏激的，甚至是倾斜的行为就会给下属错误的行为进行倡导性暗示。在这样的情况下，不仅下属会对正确的行为产生怀疑，甚至还会引起其思想行为的变化，随之而来的就是对上司的不信任，对正确行为的否认，对企业管理制度失去信心。长此以往，非常不利于员工的正面激励，所以，激励员工，首先要建立公平公正的管理制度。制度是把直尺，量谁都一样，没有制度要完善建立制度并执行，发展的过程中对于过时的制度要及时修订。时刻保持管理制度的公平性与合理性，是激励员工的重要保证。

◎ 海豚式激励——激励要立即执行

每个去香港海洋公园游玩的人，都难忘那里的海豚跳火圈表演。在驯兽师的指挥下，海豚们一次又一次奋力跳跃，穿过燃烧的火圈，赢得观众的阵阵掌声。每次完美跳跃后，驯兽师立刻递上美味的鲜鱼，这是海豚愿意克服障碍穿越火圈的最大诱因。如果海豚跳过火圈后，驯兽师跟它说，你只要每次都做得好，到年底奖赏你1000条鲜鱼，海豚必定不会继续跳，它一定会选择罢工！

"鱼性"如此，"人性"也一样！人人都希望回馈能来得更早些。古人说"赏不逾时"，意思是激励要立即执行。嗑瓜子为什么容易让人上瘾？就是因为每嗑一颗瓜子都得到了奖赏——一颗瓜子仁。

老板在激励员工时除了要适当，还要及时，一刻都不能迟，每个人内心都有渴望得到别人的认可与赏识。在工作中，这种欲望一旦被满足，员工的才能就能够得到最大限度的施展，潜能就能得到最大限度地发挥。而老板要想达到这一激励目标，只需要做一件极为简单的事情——及时激励，对他们的工作及时做出肯定或积极的表扬。

及时激励，最重要的是讲求一个"及时"，激励也只有及时才能够看到做好事的利益与做坏事的恶果。"赏一劝百，罚一警众"，也只有及时让赏罚产生震撼与轰动效应，才能够起到"立信、立威"的效果。表彰贤能之士，及时激励部属，才能最大效能地调动下级的工作积极性。

当员工快速得到合理的回报，对老板产生了信任，工作起来就会更有干劲。如果对员工的业绩奖励总要等到年底，很多员工就会提早没有了精神，因为他们觉得没有人在关注他们的努力。及时的激励就如趁热打铁，所费的力气最少，达成的效果却最佳。

第六章
资源配置效率：生产与成本

资源配置

❂ 市场经济规律——让市场决定资源配置

市场决定资源配置是市场经济的一般规律，市场经济本质上就是市场决定资源配置的经济。在市场经济活动中，相对于人们的需求而言，资源总是表现出相对的稀缺性，这就要求人们对有限的、相对稀缺的社会资源进行合理配置，以最少的资源耗费生产出最多的产品和劳务。

资源配置主要有政府配置和市场配置两种方式。政府配置方式是指由政府制定国民经济发展计划，通过层层行政审批甚至行政命令来统管资源和分配资源。这种配置资源方式，在一定条件下，有可能从整体上协调经济发展，集中力量办大事。但是，审批排斥选择，统管排斥竞争，从而容易出现资源闲置或浪费、经济僵滞的现象。在经济结构简单、人们需求单一的情况下，政府配置资源有其简便和直接的功效。

但是，随着经济规模的扩大，经济结构、产业结构、产品结构的复杂化，人们需求的多样化，这种主要以政府行政审批配置资源的方式，很难把握瞬息万变的市场需求，越来越不利于资源的优化配置，必须采取市场配置的方式。遵循市场经济规律，就要通过市场机制的作用，最大限度地提高资源配置效率。

市场经济通过形形色色的市场活动，连续地、能动地调节着买卖双方的经济关系和经济利益，并通过这种调节使社会资源配置达到动态的优化。这种能动的调节是按照市场经济本身特有的规律运作的。市场经济的主要规律是价值规律、供求规律和竞争规律。

价值规律指在市场经济中商品按照价值量相等原则进行交换，亦即商品按照符合商品价值量的价格进行交换。价值是价格据以波动的中心，但它并不直接决定商品现实价格，直接决定现实价格本身的是商品的供求关系。价值、价格、供求三者的关系，首先是价值决定价格，价格决定供求，然后供求又反过来影响价格。从长期来看，实质上仍是价值通过价格的变动来决定供求，是价格在调节着供求的平衡与不平衡。在商品生产经营中，价格的变化直接决定着企业盈利的多少。刺激着商品生产经营者的积极性。价格机制作为最主要的市场机制，它调节着行业间资金的流向和资源运动，调节着企业的产供销策略，也是国家宏观调控经济的有力手段，是居民衡量收支的最基本的、最重要的参数。

供求规律指商品供求变动与其价格变动之间的相互作用、相互影响、相互决定的经济规律。具体表现为：商品供求变化引起商品价格变化；商品价格变化引起商品供求变化；商品供求变化和商品价格变化以相反的方向形成循环运动，促使商品供求趋向平衡。供求机制与价格机制的共同作用，直接影响着市场价格的变化，继而影响和调节企业经济活动，国家也可能会随之相应调整经济政策。

竞争规律表现为，在市场经济中，不同经济主体之间为了最大限度地实现自身的经济利益而进行竞争的客观必然性。供求与价格的矛盾交织，孕育了竞争，竞争规律源于价值规律，又集中体现着价值规律和供求规律的基本要求，是市场经济活力的源泉。参与市场交换的国家、企业和个人，无不在激烈的市场竞争中，遵循优胜劣汰的原则，寻找自身经济活动的坐标，以谋求生存与发展。

◎ 帕累托最优——资源的最佳配置方案

意大利学者帕累托曾针对资源的最佳配置提出了帕累托效率准则：经济的效率体现于配置社会资源以改善人们的境况，主要看资源是否已经被充分利用。如果资源已经被充分利用，要想再改善就必须损害别人的利益。可见，帕累托最优是公平与效率的"理想王国"。

从整体上看，资源的最佳配置模式应该是社会中每个人都达到帕累托最优。在某种意义上，帕累托最优是一个兼顾公平与效率的理想做法。相反，有得必有失。帕累托的本质就是尽量维护每个人的利益，一直达到某一程度，此时任何一个人的改进都要以损害其他人利益为代价。如果能够在不损害其他人的情况下改善某个人的处境，我们就可以认为资源尚未被充分利用，这时就不能说已经实现了帕累托最优。

现在，帕累托最优已经成为博弈所希望达到的最优目标。

在经济学上，帕累托最优无疑是一颗闪烁着迷人光泽的宝石。在这种状态下，每个人均不会为了自己的利益而损及他人，最终将实现社会的充分富裕。由此看来，帕累托最优确实令人神往。但是，需要指出的是，在经济学上，帕累托最优描述的是一种过于理想化的状态，在现实的经济生活中比较难以达到。为了达到帕累托最优，便有了"帕累托改进"。帕累托改进是指在没有使任何人处境变坏的前提下，使得至少一个人的处境能变得更好。

帕累托改进的特点是自己变好，同时又不使他人变差。正是由于帕累托改进没有损害到他人的利益，其行为所遇到的阻力往往很小。以我国初期的改革开放为例，其政策大多都是帕累托改进，比如"分田到户"和"联产承包责任制"，它们的特点是广大农民获得了切实的好处，而其他行业也没有受到什么损失，所以推行起来阻力不大。但是如果不是帕累托改进的话，即在使一部分人变好的同时，肯定会使另一部分人变差，其阻力就会增大。

在博弈中，一方如果能够做到在不损害对手的情况下为自己争得利益，即可认为在进行帕累托改进。如果是双方都在帕累托改进，往往就意味着双赢局面的实现。

一般来讲，当一个人获利较多时，必定会牺牲其他人的利益，所以不能同时兼顾所有人的利益。在管理中，老板要学会合理利用帕累托最优准则。当资源配置达到最佳状态时，只需要保持就能实现效益的最大化。

边　际

◎ 边际分析法——"边际"并不神秘

在经济学课程中，常会运用到一种方法，即边际分析法。边际分析法是经济决策中最有用的概念之一，它是利用边际概念对经济行为和经济变量进行数量分析的方法，贯穿于管理经济学决策分析的始终。资源配置决策一般都以边际条件的形式来表示，即为得到一个最优解而必须满足的条件。

所谓边际，就是额外或增加之意，即所增加的下一个单位或最后一个单位。在经济学分析中，简单地说，边际是指对原有经济总量的每一次增加或减少。

严格地说，边际是指自变量发生微小变动时，因变量的变动率。边际值就是自变量变化一个单位时引起因变量变化的值。在经济分析中引入边际分析方法是经济学的一个革命，尤其在它的定量分析中，边际概念和边际分析方法被广泛地使用。

边际分析是揭示经济活动中的数量变动关系，是对经济数量变化的客观描述。从这一意义上说，它只是一种单纯的数量分析。运用这一方法去分析经济活动中的客观数量关系，有助于人们认识各种数量关系变化的趋势和规律。

在边际分析系统中，制定资源配置决策需要对某项活动水平变化的边际（或增量）收益和此变化的边际（或增量）成本进行比较。按照边际分析法，企业在进行决策时，判断某项业务活动对企业有利还是无利，不是根据它的全部成本的大小，而是根据它的边际成本的大小。只要由这项活动引起的边际收入大于其边际成本，它对企业就是有利的，否则就是不利的。

因此，在涉及扩大某一经济活动的决策中，最优水平出现在边际收益等于边际成本的那一点上。遵循这个重要的边际决策规则，就会给股东带来财富的最大化。边际分析法体现了一种"向前看"的思想，它适用于一切经济决策。

◎ 边际产量递减规律——为什么员工增加了，产量却在减少

边际递减规律源于对农业的研究，经济学家发现在两个基本前提——技术与固定生产要素不变的条件下，农业产量总是呈递减的趋势，最常见的现象就是，种三季稻还不如种两季稻。

对农业而言，固定生产要素是土地，而对其他具备固定生产要素的行业，如以固定的厂房空间、设备为要素的钢铁行业、纺织行业，边际递减规律也同样在发生作用。

现代经济学认为，边际递减规律实际上向人们揭示了一种最佳组合的存在，也就是说，就整个经济来说，在土地（包括狭义的土地与生产空间）、自然资源及可变投入（劳动力）之间必然存在一个最佳组合，使得劳动生产的效率可以达到最高。

当然，如同一切规律一样，边际产量递减规律的作用也是有条件的。只有在生产技术没有发生重大变化和固定生产要素不变的情况下才正确。从长期来看，如果生产技术进步或固定生产要素增加（或者说一切生产要素都是可变的），边际产量递减规律也就不起作用了，代之而起的是其他经济规律，所以我们也不能把边际产量递减规律绝对化。

边际产量递减规律不仅对农业重要，对其他部门也同样重要。

如果销售汤匙获得的额外收入（边际收入）高于制作汤匙本身的成本（边际成本），企业便会生产另一种汤匙。随着汤匙产量的增加，每多生产一个汤匙的生产成本便会增加。这是因为，当工厂雇用更多的工人后，每一个额外工人对产量增长的贡献都要小于最后一个工人。（假如一个工厂只有一个工人，那么多雇用一个工人，产量将会急剧增长。但如果工厂本身已经有 1000 个工人，额外雇用一个工人对产量的促进要小得多。）只有当汤匙的价格高到足够抵消高昂的成本时，工厂才会生产大量的汤匙。因此，工厂的供给量和价格高低是成正比的。

规　模

◎ 规模经济——企业规模越大越好吗

安德鲁·卡内基在打造他的钢铁帝国——卡内基钢铁公司时，领悟道："价格的低廉和生产的规模是成反比的，因此，生产规模越大，成本就越低……降低成本、抢占市场、开足马力，只要控制好成本，利润自然就来了。"在经济学上，这个现象被称作"规模经济"，是指由于产出水平的扩大或者生产规模的扩大而引起产品平均成本的降低。

一般来说，随着产量的增加，厂商的生产规模逐渐扩大，最终厂商扩大规模使得生产处于规模经济阶段。

企业规模越大越好吗？规模经济带来高额的利润，但因规模越大，企业的固定成本也就越大，当受到市场和政策冲击时，企业的损失也就越大。规模经济并不是说规模越大越好，只有当生产规模扩大适度时，才是真正意义上的规模经济。

从生产的角度来看，一个行业使用的设备越好，越专业化，技术越复杂，创新越重要，规模越大越好；从市场的角度看，产品的标准化程度越高，需求越稳定，规模越大越好。钢铁、化工、汽车等重型制造行业的规模往往相当巨大。但是，规模经济并不意味着规模越大越好，对于特定的生产技术，当规模扩大到一定程度后，生产就会出现规模不经济，造成规模不经济的原因主要是管理的低效率。由于规模过大，信息传递费用增加，信息失真，滋生官僚主义，使得规模扩大所带来的成本增加更大，出现规模不经济。由此可见，实现规模经济的重要条件是单位成本的有效降低。

有很多企业成本降不下来，效率上不去，一个重要的原因就在于没有实现适度规模。实现适度规模的原则适用于所有行业，只是各个行业实现的方式不同而已。像钢铁、汽车这种行业，生产之间的联系强，适于集中生产，才能发挥规模经济的优势。而一些零售商业，采取集中进货，统一物流配送，统一管理，可以使成本最低。

可见，对企业来说，究竟是规模大一点好还是规模小一点好，要根据现实情况而定，并非都是规模越大越有规模经济。规模经济原理告诉我们，做任何事都要有一个限度，如果超出了事物本身的极限，就有可能会招致失败。

◎ 交易成本理论——企业的规模由什么决定

交易成本理论也被称为交易费用理论，是由著名经济学家罗纳德·科斯提出的。他在《企业的性质》和《社会成本问题》两篇著作中提出了交易费用的范畴以及闻名于世的科斯定理。

科斯生于 1910 年。20 世纪二三十年代，整个西方世界出现了大量的大公司、跨国公司。科斯疑惑，为什么公司变得越来越大？而同一时期，苏联处于列宁时代，列宁说过一句话，苏联就等于托拉斯。托拉斯意思就是巨大的公司。如果真像列宁所说的那样，那就没有市场了。那么，为什么有些公司会变得那么大，有些公司却很小？有些公司活动在公司内部进行，有些活动需要依靠市场的力量？这些问题从单纯的生产角度是无法解释的，因而，科斯提出了交易成本的概念，即利用市场手段进行交易所发生的成本。

交易成本理论将研究的视角集中在交易的成本问题上，科斯认为，经济学家完全忽略了利用市场所需要花费的代价，而仅仅只是关注到了生产产品、提供服务所需要付出的直接成本。例如，我们买手机时，首先要想去哪里买，实体店还是网上；可能还需要讨价还价，货比三家；买完之后，如果不满意，可能还要退货、换货，或找商家赔偿，等等。这一系列过程你都要付出时间、金钱和精力，这些都属于交易成本的范畴。

科斯理论告诉我们，在交易时，要算一算这笔交易值不值。交易成本虽然在财务报表上并不显示，但应用这个概念，我们可以充分理解使用市场所需要付出的代价。交易成本看似是在讲交易，重点还在成本上，并且核心在于我们自身的成本控制做得怎么样，也就是说，在同样品质下，如果自己的成本控制做得更好，人们更愿意来买我们的东西。通过交易成本理论，我们还可以知道企业应该更多地进行并购还是反向并购，或者说企业应该做大还是做小？此外，还可以指导很多商业决策。

在经济学里，降低成本可以通过扩大规模的方式来实现，也就是规模经济。规模越大，专业度和熟练度越高。这就启发了企业管理者通过合作的方式来增加规模。比如，两个企业融为一体，企业就拥有了更大的规模。这种规模不论是在内部生产还是在外部讨价还价上都会获得一定的优势。但事实并非绝对如此，经过合并拥有了规模或者本身规模就很大的企业，也未必能自动具备优势，还得看自身的成本控制如何。

交易成本理论的核心思想是通过分析企业对将要进入的目标市场的控制程度，来选择最佳的进入模式，从而达到企业交易成本最小化和长期效率最大化的目的。不过，该理论忽略了政策因素以及企业整体战略对企业进入模式决策的影响，从而不能很好地解释单个决策本身并不能达到交易成本最小或效率最大的结果。

◎ 小的是美好的——如何做好小企业

在此起彼伏的企业并购潮下，更多的中小企业以顽强的生命力继续生存着，并且在国民财富的创造、就业机会的提供等方面起着举足轻重的作用。

几乎每个行业都有大量的小企业，它们致力于市场中被大企业忽略的某些细分市场。在这些小市场上通过专业化经营来获取最大限度的收益。这种有利的市场位置被称为利基，而所谓市场利基者，就是指占据这种位置的企业。

有利的市场位置不仅对中小企业有意义，对某些大企业中的较小业务部门也有意义，它们也常设法寻找一个或多个既安全又有利的利基。

利基要承担较大风险，因为利基本身可能会枯竭或受到攻击，因此，在选择利基时，营销者通常选择两个或两个以上的利基，以确保企业的生存和发展。不管怎样，只要营销者善于经营，小企业也有机会为顾客服务并赢得利润。

英国知名经济学家舒马赫曾说过："小的是美好的。"强调事物发展中的小规模优越性。许多创业者认为，只有做大才能做强，其实这是一种误解。小的创业项目固然有小的劣势，却也有大项目不具有的优势。譬如，小项目组织机构简单，管理效率高，从而大大降低了管理成本；小项目经营灵活，可以迅速适应市场需求的千变万化等。所以说，创业项目不分大小，只问优劣，小项目也可以实现高效率，且现实中最终走上成功之巅的不在少数。

中小企业其实也有着非常大的生存空间，这是社会、经济、技术发展的一种必然。生产的专业化程度越来越高，分工越来越细。专业化分工由部门的专业化已延伸到零部件生产的专业化和工艺过程的专业化，这样就为中小企业的生存提供了空间。不同产业、不同产品在物理及其他属性上的差别对企业的规模要求不同，即不同产业的"经济规模进入壁垒"不同，比如纺织品、副食品、家具、陶瓷、漆器、杂货、金属模具、砖瓦等，这些从高技术的太阳能到家庭手工业的分散性部门，一般情况下都适合中小企业经营。随着人们生活水平的提高，市场需求呈现出极强的多变性、个性化和多样化，这也为中小企业提供了广阔的生存空间。

而且，小企业虽然说不如大企业具有规模经济的优势，但有其自身的优势。俗话说，"船小好掉头"。中小企业以其很低的创立成本、组织协调成本，对市场变化反映的高灵变性，经营方向调整的高度灵活性（船小好掉头），对大企业的强大的市场力量形成了"四两拨千斤"的制约作用，在市场竞争中也获取了很大的生存空间。相比大型企业，小企业在三个方面具有其无法代替的优点：一是小企业需要的资金少，进入容易，投资回报快，是有效利用资金的一种好方法。二是小企业主要是劳动密集型的，有利于就业的增加。对劳动力丰富、就业压力大的我国，具有非常大的意义。三是小企业有利于整个经济的稳定。就个别小企业而言，抗风险能力弱，其生也快，其死也快。但作为一个整体，小企业有生有死，总体上是稳定的。小企业不会引起经济过热，也不会是经济衰退的祸首。

我们往往只注意通用电气、三星、微软、华为、特斯拉等大型公司，却忘了有多少小企业为他们服务。我们只听说沃尔玛、家乐福，但不知道同样还有遍及全国的夫妻店，这些小企业成为一国经济不可或缺的一部分。

◎ 大企业的力量——企业如何做大

一个国家的经济发展离不开小企业，而且从数量上看，这种企业的数量极多。然而，任何国家的发展都不可能没有大企业。

大企业是经济的支柱，其数量可能不多，但在经济中起着至关重要的作用。

大企业是国家技术创新的领头羊，是进入世界市场的先锋，只有大企业以技术创新推动增长，以规模提高效率，以实力创造品牌，一个国家的经济才有希望。而这些是中小企业难以做到的。民营企业大多缺乏创新能力的一个原因正是企业规模太小了。

开公司办企业，"做大做强做久"就成为每一个老板心中的期盼。怎么才能做大？"大"可以是收入盘子很大，也可以是资产或市值很大，主要是讲规模。在新的竞争形势下，无论是新建的公司，还是已有一定规模的公司，或是准备并购、组合、上市的精英公司，都必须强字当头，先做强，再做大。

对企业的发展来说，"做强""做大"是一个强大的、不竭的动力。就像云层的雾气形成雨滴需要灰尘做内核一样，企业也需要一个内核，即首先将自己做强，如此才能不断吸附周围潮湿的水汽，慢慢变大，形成可以滋润植被、汇入江海的雨滴。

"做强"与"做大"并没有必然关系，有实力的企业不一定是规模很大的企业，规模很大的企业不见得有很强的实力。企业都追求利益最大化，但更应该追求"力量最大化，利益合理化"。企业不一定要追求做最大的企业，但一定要做最好的企业。从理论上讲，企业的市场份额越大，越可能实现规模效应，成本降到最低，效率提升到最佳。一些企业遵循这类理论，一心追求市场份额的最大化，以为规模越大、开店越多就越强大。殊不知，市场份额和利润并不总是成正比的。在内功修炼不够、人才储备不足、资金尚不雄厚、外部环境不很理想、企业缺乏掌控力的情况下，盲目扩张会带来严重后果。

◎ 比较优势——小企业也能和大企业分工协作

微观经济学中有一个"比较优势"的概念，可以应用到企业的生产规划中。

"两利相权取其重，两弊相权取其轻。"每个国家都应根据这个原则，集中生产并出口其具有"比较优势"的产品，进口其具有"比较劣势"的产品。两个国家在比较优势上是如此，推及至每一个单位和个人，亦是如此。

比较优势是指在生产中各项产品的产出能力都占据劣势的公司，也可以具有比较优势的产品，生产这种产品仍然可以让公司在自由竞争的市场中立足。

比较优势也很好地解释了为什么很多小企业能够和大企业进行不同的分工合作。

比较优势是企业竞争者的基础，有静态和动态之分。从动态的角度看，它可以创造和转移，从而改变企业竞争实力和格局，使某些创新企业获得新的发展机会和空间。企业要保持长期的竞争优势，必须加大比较优势的投入，坚持"两劣取其轻，两优取其重"的发展观念，注重加强知识资本的积累、人才的培养和储备、核心技术的研发与掌握等。企业只有不断创新，才能获得新的比较优势，使企业持续、快速发展。所以，增强比较优势、提高竞争力，对企业具有十分重要的意义。

目前，我国短缺经济时代已过去，消费者对产品与服务的选择余地越来越大，求优、求新、求特已成为新的消费潮流。产品有特色才有生命力、吸引力、竞争力，才能促进企业真正的发展。实践创新必须着眼于发挥自身的优势，真正把自己的优势转化为具有较强的竞争力和吸引力的特色。为此，一是要努力发现自己的优势，找准比较优势。优势是相对的，只有在比较中才能发现优势。有时从一个角度看是优势，从另一个角度看很可能就是劣势，这就要求我们在市场信息的千变万化中，多角度地观察问题、分析问题，善于定位自身，善于在比较中发现优势，抓住优势。

◈ 产业集群——扎堆办企业

产业集群实际上是把产业发展与区域经济通过分工专业化与交易便利性有效地结合起来，从而形成一种有效的生产组织方式。

产业集群之所以引起人们的高度关注，关键在于它具有较强的持续竞争力。这种持续竞争力主要表现在增长速度、市场占有率和生产率等方面。产业集群较强的持续竞争力在于其所拥有的竞争优势。这种竞争优势主要体现在两个方面，一方面通过集群内企业间的合作与竞争以及群体协同效应，可以获得众多经济方面的竞争优势，如生产成本优势、基于质量基础的产品差别化优势、区域营销优势和市场竞争优势；另一方面通过职称机构和企业间的相互作用，将形成一个区域创新系统，提升整个集群的创新能力。

产业集群竞争优势的来源是多方面的，在集群竞争优势的形成过程中，地理集中、灵活、专业化、创新环境、合作竞争和路径依赖等都发挥着重要作用。

当产业集群形成后，可以通过降低成本、刺激创新、提高效率、加剧竞争等，提升整个区域的竞争能力，并形成一种集群竞争力。这种竞争力是非集群和集群内企业无法拥有的。波特认为，集群不仅仅能够降低交易成本，提高效率，还能改进激励方式，创造出信息、专业化制度、名声等集体财富。更重要的是，集群能够改善创新的条件，加速生产率的成长，也更有利于新企业的形成。

目前，我国各地都呈现扎堆办企业的趋势。比如，出现大量的高新区、开发区、各类工业区等，工业特别是制造业的园区化进程推进很快，基本上建立了获得集聚经济的效果，但离真正的产业集群优势的要求还有很大的差距。因此，在继续推进园区化的基础上，积极推动产业集聚化的步伐，对提升我国产业的国际竞争力，打造世界制造中心地位，具有重要的战略意义。

成　本

◎ 机会成本——不花钱也有成本

在这世界上，你选择了一种东西就意味着你需要放弃其他的一些东西。面对有限的资源，人必须做选择，做选择时所要付出的代价，且是最高代价者，即被称为机会成本。

例如，某人有 10 万元资金，其可供选择的投资及收益情况如下：开商店，年获利 2 万元；开饭馆，年获利 3 万元；炒股票，年获利 4 万元；炒期货，年获利 5 万元。如果他最后选择了炒期货，那他就同时放弃了其他几种投资机会。他利用 10 万元资金炒期货年获利 5 万元的机会成本就是炒股票的年获利 4 万元。

机会成本不同于实际成本，它不是生产者生产某种产品时所实际需要支付的成本，而只是一种观念上的损失，是本来有可能选择的获利机会。机会成本是做出某种选择时所放弃的其他若干选择中获利最大的一种。上例中，炒期货的机会成本是获利最大的炒股票的收入。而且，不仅在生产问题上有机会成本，在消费问题上、在时间的利用上都可以运用机会成本的概念。例如，某人在休息日，是在家里睡觉，还是去进修，或者去加班挣钱，消费者选择了其中一项，所放弃的其他机会就成为这项选择的机会成本。

人们从事各项经济活动，做各种经济决策，都必须考虑机会成本，以免得不偿失。有选择就会有机会成本。因为选择了一个就意味着放弃了另一个，选择了一条路，就不能再踏上另一条路。机会成本帮助我们做出明智的选择。用 100 元去吃比萨、看电影还是买书呢？如果权衡再三，决定用它来吃比萨，那么就无法享受着看电影和读书带来的满足感（效用），这就是要为选择付出的代价（成本）。当我们在多个选择之间选择了一个，从而丧失其他机会的时候，那些被我们放弃了的机会所能带来的满足感或者价值就是机会成本。如果看电影或读书的满足感比吃比萨大的话，那么吃比萨就是一个错误的决定。

员工辞职开店，他的机会成本是继续在公司上班能拿到的薪水。企业生产计算机的机会成本是生产电视机或其他产品能获得的利润……然而，能够准确理解机会成本真正意义的人并不多。一旦正确理解了机会成本，不仅正在流失的钱能被截流，就连飞走的钱都能被抓回来。

◎ 边际成本——天下没有免费的"续杯"

在经济学各领域中，边际成本是最重要的概念之一。边际成本表示由于多生产一单位产出而增加的成本。例如，出版社印刷 1000 本书的总成本为 10000 元。如果印刷 1001 本书的总成本为 10006 元，那么，生产第 1001 本书的边际成本就是 6 元。

有时，多生产一单位产出的边际成本可能非常低。对一架有空位的客机来说，增加一个旅客的边际成本微不足道，不需要增加任何资本（飞机）或劳动（飞行员和空中服务人员）。而在其他例子中，增加一单位产出的边际成本可能会很高。以电力系统为例，在正常情况下，它可以用最低成本和最高效的电厂生产足够的电力。但在炎热的夏季，当所有的空调都打开，电力的需求变得非常大的时候，电厂将不得不启用设备系统中那些陈旧的、高成本而又低效率的发电机。这势必会推高多生产一单位电的边际成本。

《经济自然学》一书中写道："为什么那么多餐厅提供免费续杯的饮料？"确实，去过必胜客等餐厅的人都知道，必胜客能提供饮料免费续杯的服务，难道人家提供这种服务的目的是为消费者着想，将消费者当作上帝吗？

民以食为天，没有哪家餐厅能垄断餐饮业，为了在激烈的竞争中取胜，餐厅管理者们只好绞尽脑汁想对策以保证自己在存活下来的同时还能获取更多的利润。为顾客提供免费续杯就是在激烈的市场竞争的情况下所做的一种策略。《经济自然学》的作者罗伯特·弗兰克认为，只要主菜和甜点或其他项目的收入足以负担提供免费饮料的边际成本，餐厅就有本钱提供免费续杯饮料。

从成本—收益原则来看，成本面的问题是当消费者越多，则餐厅的平均成本越低，当然，提供免费续杯的服务也是成本项目中的其中一种。随着消费者增多，餐厅为顾客提供服务的平均成本就会下降，而且餐厅为顾客所做的膳食所收取的费用都会远远高于这顿饭的边际成本。只要能吸引来额外的顾客，餐厅的利润就会有所增加。提供免费续杯服务吸引到的顾客不在少数，只要边际上提供的免费续杯饮料服务的成本不高于提供服务之前的净收入，那么提供该项服务，餐厅老板还是有利润可图的。其实答案不这么说也很简单，从商家自身来讲，追求的都是利润最大化，提供"免费的午餐"当然是为了从其他方面获取更大的利润。

从消费者的成本—效用原则来看，若餐厅老板提供免费续杯饮料的策略是"羊毛出在羊身上"的话，先不管边际上消费者可能会增加的用餐成本，消费者一定会有效用发生，只要消费者评估额外的边际效用大于边际付出的成本，那对消费者还是有利的。最后，餐厅提供免费续杯饮料的服务会从差异化的竞争，变成是普遍化的服务了。

◎ 沉没成本——不可收回的损失

在生活中，我们经常听到一些冠以成本名字的概念，例如沉没成本，沉没成本可以归入成本里吗？如果属于成本，为什么在财务报表里看不见它呢？

沉没成本其实并不属于成本的范畴，沉没成本也被称作协和效应，它是指由现在或将来的任何决策所能改变的成本，包括已经支出了的、不能通过弥补的方式收回的成本。如时间、金钱、精力等成本，这个成本会对现在的决策产生重要影响。

在生活中，我们会发现，人们在决定是否去做一件事情的时候，不仅要看这件事对自己有没有好处，还要看过去是不是已经有过投入。这样的例子比比皆是。比如，A君需要赶时间去单位，他等公交车已经等了10分钟。这时他应该改变计划，选择出租车。但是，他犹豫了，他并不一定是舍不得出租车的费用，而是开始考虑："已经等了10分钟了，现在打出租真是不划算！或许我一坐上出租，公交车就来了。"又过了5分钟，公交车还是没来。上班的时间眼看来不及了，应该打出租了。但是A君好纠结啊："我已经足足等了15分钟啊，现在打出租车，岂不是白等了那么长时间？"

"沉没"的意思是说，我们在正式完成交易之前投入的成本，一旦交易不成，就会白白损失掉。如果对沉没成本过分眷恋，就会继续原来的错误，造成更大的亏损。大多数经济学家们认为，如果一个人是理性的，那他就不该在博弈时考虑沉没成本。

有时候，人们开始做一件事，做到一半时发现并不值得，或者会付出比预想多得多的代价，或者还有更好的选择。但此时付出的成本已经很大，思前想后，只能将错就错地做下去。但实际上，做下去往往会带来更大的损失。

◎生产成本——要产出，就必须要投入

生产成本也被称为制造成本，是指一定期间生产产品所发生的直接费用和间接费用的总和。

企业的生产成本可以根据企业的具体情况自行设定，一般包括直接材料、燃料及动力、直接人工和制造费用。在产品生产企业，生产成本的形成是以各种生产费用发生为基础的。在产品生产企业发生的所有费用中，生产费用是重要的组成部分，它也是计算产品的生产成本和主营业务成本的基础。

生产成本一般包括直接材料、直接人工和制造费用三个组成部分。直接材料指企业在产品生产中消耗并构成产品实体的原料、主要材料以及有助于产品形成的辅助材料、设备配件和外购的半成品等；直接人工指企业支付给直接参加产品生产的工人的工资，以及按生产工人工资总额一定比例计算提取并计入产品生产成本的职工福利费等；制造费用指直接用于产品生产但不便于直接计入产品成本的费用，以及间接用于产品生产的各项费用，如生产部门管理人员的工资及职工福利费、生产单位固定资产的折旧费、物料消耗、办公费、水电费、保险费、劳动保护费等。

在市场经济条件下，产品成本是衡量生产消耗的补偿尺度，企业必须以产品销售收入抵补产品生产过程中的各项支出才能确定盈利，因此，在企业成本管理中，生产成本的控制是一项极其重要的工作。生产成本法是目前世界各国普遍采用的一种成本计算方法，用生产成本法计算成本时，只将生产经营过程中发生的直接材料费用、直接人工费用和制造费用计入产品成本，而管理费用、财务费用和销售费用不计入产品成本，只作为当期费用直接计入当期损益。

通过对各个会计期间生产成本实际成本资料变化情况的对比分析，能够发现企业生产成本变动的趋势，可以将其作为企业预测后

续经营期间产品成本升降趋势的重要参考数据，还可以将其作为企业制订后续会计期间产品生产成本计划的参照依据，使成本计划的制订建立在更加合理的基础上，从而避免成本计划制订上的盲目性。

在企业经营的总成本构成中，生产成本所占的比重最大，生产成本的高低直接影响产品的利润。所以，一种产品，如果能以最小的投入获得最大的产出，或在投入一定的情况下使产出最大，就实现了产品利润的最大化，这也是企业所追求的目标。生产成本直接影响和决定着企业的竞争力，因此，企业老板应设法控制生产成本。

利　润

◉ 利润——投资回报从利润中来

　　财务成果的形式有利润和亏损两种。利润是企业在一定时期内全部经营活动的最终成果。利润是衡量一家企业经营活动是否产生利益的重要指标，它是企业生存和发展的基础，追求利润是企业生产经营的根本动力。

　　搞好利润管理具有十分重要的意义，这是因为，利润是衡量企业生产经营水平的一项综合性指标，是企业实现财务管理目标的基础，也是企业扩大再生产的主要资金来源。

　　利润是按配比性原则计量的，是一定时期的收入与费用相减的结果。企业的利润具有较强的获取现金的能力。通常情况下，如果企业实现了利润，表明企业的所有者权益将会增加，业绩得到提升；反之，如果企业出现了亏损，表明企业的所有者权益将会减少，业绩下滑。因此，利润往往是评价企业管理层业绩的一项重要指标，也是投资者、债权人等做出投资决策、信贷决策等的重要参考指标。

　　企业利润的表现形式包括营业利润、利润总额和净利润。营业利润是企业利润的主要来源，是企业营业收入减去营业成本、税金及附加、销售费用、管理费用、财务费用，加上投资收益（或减去投资损失）后的金额。企业的利润总额集中反映了企业经济活动的效益，是衡量企业经营管理水平和经济效益的重要综合指标。净利润表现为企业净资产的增加，是反映企业经济效益的一个重要指标。

◎ 利润最大化——边际收益与边际成本相等

企业从事生产或出售商品的目的是赚取利润，利润越多越好。而利润最大化这一财务目标是指产量或销量的边际收益与边际成本相等。

为什么一家企业会追求利润最大化？我们知道，利润等于总收入减去总成本。就像是公司的净盈利或实得收益，它代表一家企业能够用于股东分红、投资于新工厂和设备，或者用于金融投资的资金数量，所有这些活动都提高了企业对其所有者的价值。利润最大化要求企业进行卓有成效的内部管理（防止浪费、鼓舞员工士气、选择有效的生产工艺等），并且做出明智的市场决策（以最低成本购买数量适当的投入品，并选择最优的产量水平）。由于利润涉及成本和收入两个方面，因此，企业应很好地掌握其成本结构问题。

如果在某一产量条件下，企业的边际收益大于边际成本，表明这时企业每多生产一件产品所增加的收益大于为增加生产这件产品所增加的成本，显然增加生产是有利的，说明企业还有潜在的利润。随着产量的增加，由于边际收益递减规律的作用，边际成本越来越大，直到边际收益等于边际成本时，企业将全部可能的利润都得到了，实现了利润最大化。如果在某一产量条件下，企业的边际收益小于边际成本，表明这时企业每多生产一件产品所增加的收益小于为增加生产这件产品所增加的成本，显然增加生产是不利的，会减少企业的利润。由于减少一件产品所减少的收益小于减少生产一件产品所减少的成本，当然减少生产是有利的，它也能扩大利润，或减少利润损失。随着产量不断减少，减少的边际成本越来越小，直到与减少的边际收益相等，即边际收益等于边际成本，也能实现利润最大化。需要特别强调的是，利润最大化的含义并不是说企业一定获得了经济利润，而只是表示企业在既定生产条件下按边际收益等于边际成本来确定产量，对企业一定是最有利的。它有三种可能的结果：经济利润最大化、亏损最小或盈亏平衡。

企业追求利润最大化，其实也是让企业能够以最大收益来见证企业的实力，回报所有合作者、股东、客户、员工、消费者等群体。这也是企业对自身不断超越、实现卓越的体现。无论企业发展到什么阶段，也不管如何进行相应管理，将"企业利润最大化"作为企业的宗旨之一，有着非常实际的意义，这也体现了企业对持有的合作项目自身价值最大化的愿望。当然，企业的利益得以实现，是企业生存与发展的基础。唯有不断在市场竞争中明确自身的目标，不断追求企业应该获得的利益，才能以实际效益来见证投资的正确，才能让企业发展与价值实现得以不断在经营中利润化。任何企业都离不开利润的追求，这是由企业自身财富增长的要求决定的，也是企业在经济发展与参与市场竞争中所做出的必然选择。

◎ 利润分配——投资者的回报

利润分配是指企业按照国家规定的政策和比例，对已实现的净利润在企业和投资者之间进行分配。利润分配关系着国家、企业、职工及所有者各方面的利益，是一项政策性较强的工作，企业的利润分配必须依法进行，这是正确处理企业各项财务关系的关键。

利润分配既是对股东投资回报的一种形式，也是企业内部筹资的一种方式，对企业的财务状况会产生重要影响。

进行利润分配的首要条件是企业存在盈利，如果企业没有盈利却进行股利分配，只能动用企业资本，这意味着向股东返还出资，损害《中华人民共和国公司法》确立的资本维持原则，会直接影响公司按约履行债务清偿义务，损害公司债权人的利益，因此股利分配的资金来源不能是企业的资本而只能是企业的利润。

　　企业利润分配应坚持投资与收益对等原则，即企业进行利润分配时应体现谁投资谁收益、收益大小与投资比例相适应的原则。投资与收益对等原则是正确处理投资者利益关系的关键。只有遵守投资与收益对等原则，才能从根本上实现利润分配中的"三公原则"，保护投资者的利益，提高投资者的积极性，维护资本市场的正常秩序。

　　分配给投资者的利润，是投资者从企业获得的投资回报。向投资者分配利润应遵循纳税在先、企业积累在先、无盈余不分利的原则，其分配顺序在利润分配的最后阶段，这体现了投资者对企业的权利与义务以及投资者所承担的风险。

　　企业利润分配政策是直接影响企业所有者与企业发展两方面利益的关键。企业要分配多少利润给企业投资者，自身发展需留用多少利润，都取决于利润分配政策的选择。一般来说，税后利润＝保留盈余＋发放红利。保留盈余，即企业自留多少利润，是筹集资金的重要渠道，而支付多少利润给投资者则是企业投资政策的重要内容，投资者应按其投资份额分配到相应比例的利润。一方面企业投资者希望分配到较多的利润，另一方面企业希望留下较多利润资金参与经营运转，两者此消彼长。利润分配政策就是要在这一矛盾中进行权衡。

第七章

企业竞争与博弈：如何制定正确的竞争策略

市场结构与定位

◎ 市场结构——根据什么确定企业竞争策略

经济学一般按市场竞争程度来划分市场结构，将市场分为以下四种类型：完全竞争市场、垄断市场、垄断竞争市场、寡头垄断市场。

（1）完全竞争市场。完全竞争市场是指竞争不受任何阻碍和干扰的市场结构。完全竞争市场中，产品数量多，价格低，生产效率高。在完全竞争市场上，出售的是一些没有差别的产品，每个厂商供应的商品完全相同，不存在品牌、质量等差别。在这个市场上，有一群理性的、追求自身利益的消费者，还有一群理性的、追求利润最大化的厂商，由于人数太多，所有的人都是市场价格的接受者。没有人能够自己定价，如果一个厂商定价高出这个试产价格，他就会自动出局。

（2）完全垄断市场。完全垄断市场与完全竞争市场有着完全相反的特征。完全垄断市场是指整个行业中只有一个生产者的市场结构，在这种市场态势下，产品数量最少，价格最高，生产效率最低。在现实的经济生活里，完全垄断市场几乎是不存在的。形成垄断的根本原因是存在行业进入壁垒。而进入壁垒产生的原因主要有三点，一是厂商独家控制了某种产品的关键资源；二是政府为了鼓励发明创造和保护公众利益而给予某个厂商独家专利权，使其合法垄断；三是规模经济派生的自然垄断。

（3）垄断竞争市场是一种介于完全竞争和完全垄断之间的市场组织形式，垄断竞争是指许多厂商生产和销售有差别的同类产品，市场中既有激烈的竞争又有垄断因素存在的市场结构。在这种市场态势下，市场上产品数量多，价格略高，生产效率高。在垄断竞争市场理论中，把市场上大量生产非常相近的厂商的总和称为生产集团。在现实生活中，垄断竞争市场在制造业和服务业中很普遍，例如，家电企业、食品店、理发店等。在垄断竞争市场中，企业可以无限制自由进入或退出一个市场。

（4）寡头垄断市场和垄断竞争市场都属于不完全竞争市场。寡头垄断是指少数几个厂商控制着整个市场中的生产和销售的市场结构。这时，市场上产品数量少，价格高，生产效率低。在寡头垄断市场上，由于厂商很少，就存在着互相协商、左右价格的可能性，我们把这种行为叫作"勾结"。由于厂商都是自私的，只要稍有可能，勾结就会被打破，勾结成功的情况并不是很多见。

◎ 企业定位——目标是什么？前进的路在哪个方向

企业定位给企业带来的价值是不可估量的。作为企业战略的核心要件之一，企业定位能够帮助企业了解自己擅长什么，能做什么，并有助于企业设计标签，并将此标签清晰地传递给顾客，赢得顾客的认同，对顾客的购买决策产生深刻的影响。

企业定位可以被理解为社会标签。例如，当地美容院如果想增加新的品牌，首先就会想起某化妆品代理商；当美容院老板谈到谁的化妆品最齐全的时候，就会说"某化妆品代理商是某地区最大化妆品渠道商"。

企业定位的作用主要有以下几点：

（1）主动给自己贴标签。如果自己不定位，社会就会自动给企业定位，这种定位一旦形成，则很难改变。

（2）明确企业的优势。企业不是什么都能干，一定要清楚自己是谁，能力与特长是什么，可以与什么资源合作，能精准服务哪些客户。

（3）便于传播企业文化。企业定位使企业的愿景、使命、价值观等更加明确，便于传播与发扬。

（4）影响客户。企业定位清晰，非常简单地给顾客留下了深刻的印象，抢占了客户的心智，能够对顾客消费与购买行为产生极大的影响。

企业的自身定位可以从两个方面出发，即"采用什么组成的企业"和"满足人们什么要求的企业"。从第一个方面出发，企业可以形成创新、效率、速度、成本、强硬、灵活等企业属性，由此回答企业是"一个什么样的企业"的命题；从第二个方面出发，企业可以形成生命、满意、快乐、成功、美丽、尊重等客户需求。因此，从第一方面选择一个，从第二方面选择一个，就形成了对企业自身的定位，"我是一个采用什么、满足什么需求的企业"。对于回答"我是一个什么样的企业"这样的愿景和使命，因为涉及一个非常长的时间跨度，其间产品、技术、模式都可能经历多次变革，只有趋向于基础和本质，才能真正代表企业在一个长周期中的真实诉求。

企业如何定位呢？企业老板的使命感和战略思维往往是企业发展的核心推动力量。这个力量可能集中在一个人身上，由这个人的战略思维去启动、指挥、协调企业的行为，如董事长、总裁或某个铁腕人物等。这个力量也可能集中于一个领导团队，由这个团队内部的矛盾和协调形成的战略思维去启动、指挥、协调企业的行为，如董事会、总裁办公会或某种铁腕式的决策群体。

◎ 市场定位——让产品独一无二

市场定位是企业为自己的产品选择一定的范围和目标市场，并满足一部分人的需要。所有老板都应知道这样一个事实，那就是任何一家企业，无论其规模如何，都难以满足所有消费者的整体需求，只能为自己的产品销售选定一两个目标市场，这就要进行市场定位。

市场定位是初创企业营销管理的核心，只有消费者明显地感觉和认识到产品的差别，企业的产品才会在消费者心目中占有一定的位置，才能给顾客留下深刻的印象。

企业产品的市场定位是否准确，直接关系到营销的成败。定位正确，可以发挥企业的资源优势，拥有足够的市场，确保生产经营活动的顺利进行；定位失误，会找不到合适的市场，即使投入较高的营销费用，也不能拥有相当的购买者，从而使企业陷入不利的生产经营境地。

企业市场定位的核心内容是设计和塑造产品的特色或形象。面对千差万别的市场需求，企业的产品应力求具备独特的个性，通过设计、生产具有个性的产品，在消费者心中树立起独具特色的市场形象。这种市场形象可以从多个方面显现出来，比如产品的实体、产品的价格和质量、产品的风格、产品的档次等。以汽车为例，德国的奔驰定位为"豪华""舒适"，日本的"丰田"定位为"经济可靠"。

在市场上，不仅仅要考虑消费者实际生活中的生理需求，还需要考虑消费者心理上的需要。生理上的需要是有一定限度的，心理上的需要则是变幻莫测和无法限定的。因此，在同类商品的大市场上，每一家企业都可依据消费者生理上和心理上的需要，以及企业自身的经营条件，将市场细分成许多个小单元，然后再依据目标市场的特点来制定企业的定位策略。通过细分定位后，采取有针对性的广告宣传手段，争取不同的消费者。

　　在进行市场定位时，还要把商品的生命周期结合起来，把市场的销售政策结合起来，针对细分的目标市场，运用不同的媒介组合，做不同的广告宣传，这样就会较好地满足不同消费者的需求，还有利于提高商品的知名度，增强消费者对企业和商品的信任度，以达到市场定位之目的。

◎ 品牌定位——让顾客认同

　　品牌定位是从品牌的内容和形式层面出发，使品牌能在目标消费者心中占有一个独特的、有价值的位置，它是品牌建设的基础，是品牌经营的前提。

　　通俗来说，品牌定位的目的就是赢得他人的深刻印象，以形成好名声。率先将品牌定位于消费者心中，有助于扩大品牌差异，培养消费者清晰、独特的品牌识别，形成品牌竞争优势。

　　企业品牌要想取得好名声，应该具有一些特点，使自己的品牌看上去好像是市场上"唯一"的。这种特征可以表现在许多方面，比如，品牌的档次、特征、个性、目标人群等，甚至还可以是脱离产品本身的某种想象出来的概念。

　　品牌定位要给自己的品牌以独特的个性与文化，一个产品要让消费者接受，完全不必把它塑造成全能形象，只要有一方面胜出就已具有优势。许多知名品牌往往也只靠某一方面的优势而成为名牌。例如，在汽车市场上，沃尔沃强调它的"安全与耐用"，奔驰宣称"高贵、王者、显赫、至尊"，宝马却津津乐道它的"驾驶乐趣"。

　　品牌定位是市场定位的核心和集中表现。企业一旦选定了目标市场，就要设计并塑造自己相应的产品、品牌及企业形象，以争取目标消费者的认同。由于市场定位的最终目标是为了实现产品销售，而品牌是企业传播产品相关信息的基础，品牌还是消费者选购产品的主要依据，因而品牌成为连接产品与消费者的桥梁，品牌定位也就成为市场定位的核心表现。

品牌定位的目的就是将产品转化为品牌，以利于潜在顾客的正确认识。成功的品牌都有一个特征，就是以一种始终如一的形式将品牌的功能与消费者的心理需要连接起来，通过这种方式将品牌定位信息准确传达给消费者。因此，厂商最初可能有多种品牌定位，但最终要建立对目标人群最有吸引力的竞争优势，并通过一定的手段将这种竞争优势传达给消费者，转化为消费者的心理认识。

对产品来说，想要尽可能满足消费者的所有意愿是愚蠢的，每个品牌必须挖掘出消费者感兴趣的某一点，而一旦消费者产生这一方面的需求，立即就会想到它。品牌的个性越突出，给消费者留下的印象就越深刻，也越容易在他们心中占有一席之地。

垄　断

✿ 垄断——垄断的经济效应与反垄断

垄断指在生产集中和资本集中的基础上，一家或少数几家大企业独占或联合控制某个产品的生产和销售。垄断是竞争的对立物和伴生物，竞争产生垄断，垄断限制竞争。要开展有效的竞争，就必须反对和制止垄断。反对和制止垄断可以采取多种形式和手段，其中最主要的手段是法律手段，由此便产生了反垄断法。

垄断既包括经济意义上的垄断，又包括行政意义上的垄断，以及两者交织的变种。

垄断包括卖方垄断和买方垄断。卖方垄断是指唯一的卖者在一个或多个市场，通过一个或多个阶段面对竞争性的消费者。垄断者在市场上，能够随意调节价格与产量（不能同时调节）。买方垄断则与此相反。

造成垄断的原因及其形成的垄断种类有：

（1）规模经济导致的自然垄断。一个市场的全部需求只可容纳一个厂商，多一个厂商会使所有厂商亏损。如果某种产品需要大量固定设备投资，大规模生产可以使成本大大降低，那么，一个大厂商就可能成为该行业的唯一生产者。由一个大厂商供给全部市场需求时平均成本最低，两个或两个以上厂商在该市场上经营就难以获得利润，在这种情况下，该厂商就形成自然垄断。

（2）法律保护导致的法律壁垒。比如专利保护。有些独家经营的特权是由法律所规定并受到法律保护的，专利权和版权便是法律特许的垄断。为鼓励创造发明，绝大多数国家都制定有专利法，可见专利垄断是由法律壁垒造成的。在某些场合下，政府授予某厂商独家经营的权利，也有时政府经过招标竞争通过合同的形式授予某厂商独家经营的特权。

（3）技术性与策略性垄断。如果除垄断者外别无他人掌握某种生产技术或诀窍，该市场自然形成技术性垄断。在既无技术壁垒又无法律壁垒的情况下，厂商通过高筑壁垒以确立或巩固其垄断地位，这便是策略性垄断。

（4）特许经营、网络经济和对生产要素的垄断导致的其他壁垒。当生产者控制了整个行业的原材料，而其他生产者无法获得这种原材料时，该生产者就成为该行业的垄断者。凡是阻挡竞争者进入市场的壁垒都是造成垄断的原因。特许经营是政府在某个行业内授权某家厂商垄断经营某种产品。网络经济与规模经济比较相似，但不同的是网络经济是通过消费者的购买行为而作用于市场需求方面的。

上述壁垒并没有列尽全部因素，也不一定相互排斥。

◎ 反垄断——反垄断与政府管制

垄断常常导致资源配置缺乏效率，因此政府通常采取干预措施，达到增强竞争、提高市场效率的目的。但是在某些情况下，如果厂商数量不止一家，那么市场反而是无效率的。当一家企业能以低于两个或更多企业的成本为市场供给一种商品或劳务时，自然垄断就应运而生了。换言之，一家企业可以按最低的成本生产任意数量的产品，在产量既定的条件下，企业数量越多，生产的平均总成本反而越高。

反垄断是指当一家企业的营销呈现垄断或有垄断趋势时，国家政府或国际组织采取的一种干预手段。反垄断是解决垄断所造成的问题的重要手段之一，因此有时也被称作反垄断规制。

反垄断的目的是为了给企业营造一个公平的竞争环境，建立公平的游戏规则，维护消费者合法权益和社会公众利益，促进垄断企业与其他企业及消费者之间进行社会资源和利益的再分配，制止垄断，保护竞争，促进社会和谐发展、健康发展。

在反垄断的立法中需要解决的根本问题一方面是为企业创建一个自由竞争、协调有序的社会经济环境，另一方面是实现消费者利益和整个社会福利的最大化。反垄断法是国家权力干预经济的法律形式之一。19世纪末，世界经济的发展进入了垄断资本主义时期，垄断就成为各国规制的对象，各国均采取严厉的立法来进行反垄断。

对政府来说，解决垄断条件下的价格高于竞争价格这一问题的方法之一，是对垄断厂商可能索取的价格进行管制。如果一家垄断厂商在正常情况下对某产品索取10元的价格，那么政府可以实施一个8元的最高限价，以降低消费者使用该产品的成本。一般而言，在一个竞争市场上实行最高限价会导致该产品产量减少，从而造成在控制价格下的短缺和非价格配给。但是，垄断厂商对最高限价的反应方式与竞争行业不同，在一定条件下，对垄断价格的强制限制可能会导致垄断产量的提高。

众所周知，垄断厂商限制产量的目的是为了索取较高的价格，实施最高限价意味着限制产量不能得到较高的价格，所以最高限价将消除垄断厂商限制产量的理由。

需要指出的是，自然垄断厂商的平均成本曲线一直是下降的，其边际成本总是在平均成本之下。若不加以管制，厂商也将按照利润最大化原则在较高的价格上提供较少的产量，所以可行的最佳选择是，价格确定在平均成本与平均收益相等的水平上，厂商既没有垄断利润，又利于产量尽可能大到恰好使厂商不退出经营。

博弈论

◎ 博弈论——企业决策的工具

现代企业在分析竞争形势，做出竞争战略时，经常运用博弈论的方法。

博弈论是数学家约翰·冯·诺伊曼和经济学家奥斯卡·摩根斯特恩创立的。博弈论又称对策论，是利益相关的双方在平等的对局中各自利用对方的策略变换自己的对抗策略，独立决策，从而达到取胜的目的。利益相关是指一方做出的决策会有什么结果还取决于对方的决策。独立决策是指互不商量，自己做决策。博弈论思想最初主要运用于象棋、桥牌等对弈问题以及军事战役中。

在经济研究中，微观领域的讨价还价、拍卖机制设计，特别是产业组织领域，都涉及博弈论；宏观领域的国家之间的竞争与合作、经济政策制定者与企业等微观单位之间的相互作用等，用博弈论都能够得到很好的理解。在企业管理中，企业的投融资决策、市场营销决策、人力资源管理等都涉及多方互动，而这正是博弈论的优势所在。实际上，企业本身就是一个博弈网。

博弈论是企业决策的一个常用工具。博弈论中最常见的分类方式是按博弈的结果来划分的，主要有负和博弈、零和博弈和正和博弈三种。

企业如何运用博弈论做出竞争策略呢？企业老板学习博弈论，可以从中了解博弈论的基本知识，并学会在企业竞争与决策中运用。

首先，要遵循向前展望、倒后推理的原则。也就是说，先要确定自己希望最后达到的目标，然后从这个结果倒推进行研究，找出自己理应做出哪种选择才能以最低的代价达到既定的目标。向前展望就是找目标，倒后推理则是寻找实现这个目标的手段。博弈论的方法是要解决现实问题的，所选择的策略一定要有可行性。在选择策略时一定要从实际出发，从客观的限制条件出发。

其次，要设身处地地考虑问题，要站在对方的立场上思考，即换位思考。只有这样才能了解对方有哪几种可能的策略，采用哪一种策略的可能性最大，从而做出自己的选择。在博弈论中，换位思考尤其重要，多从对方的立场考虑问题，决策会更理性。

最后，博弈论仅仅是分析和解决问题的一种思维方式，但不是唯一的方式。它为企业老板分析和认识企业经营中的问题提供了一种工具，但并不会提供整个工具箱。因此，要把博弈论和其他分析方法结合起来进行决策。

◎ 纳什均衡——创造一个多赢的结局

纳什均衡是美国数学家纳什提出的，纳什均衡是在给定竞争对手战略的情况下，各参与人所选择的最优战略组合。在纳什均衡下，参与人的战略都是针对竞争对手战略的最佳反应，因此，没有一位参与人能通过改变决策来增加自己的福利。简单来讲，纳什均衡状态就是市场力量相互作用下的一种稳定局面。

在占优战略均衡中，无论所有其他参与人选择什么战略，一个参与人的占优战略都是他的最优战略。显然，这一占优战略也必定是所有其他参与人选择某一特定战略时该参与人的最优战略。因此，占优战略均衡一定是纳什均衡。在重复剔除的占优战略均衡中，最后剩下的唯一战略组合，一定是在重复剔除严格劣战略过程中无法被剔除的战略组合。因此，重复剔除的占优战略均衡也一定是纳什均衡。

纳什均衡所包括的情况远不止占优战略均衡和重复剔除的占优战略均衡。纳什均衡有时也叫非合作性均衡。因为各参与人在选择战略时没有共谋，他们只是选择对自己最有利的战略，而不考虑这种战略对社会福利或任何其他群体利益的影响。将自己的战略建立在对手总是会采取最佳战略的假定基础上，这是博弈的一个原则。

纳什均衡在现实生活中也很普遍，以麦当劳和肯德基为例。我们都知道麦当劳与肯德基在产品口味和价格上并无太大差别。如此一来，消费者在选择麦当劳或是肯德基时，最先考虑的就是距离问题。如果两家店都希望能够离消费者更近一点，那么它们的店铺应该开在哪里更合适呢？

假设有一条一千米长的街道，街道的最左端的起始点是 A，最右端的终结点是 B，那么对顾客而言最理想的商店位置是怎么样的呢？以街道 1/2 处为中心点，显然是麦当劳和肯德基其中一家在街道 1/4 处开店，另一家在街道 3/4 处开店，这样既方便了这条街上任何一个地点的顾客，又能确保麦当劳和肯德基各自包揽一半顾客的生意。

但事情没有这么简单——麦当劳与肯德基两家的产品存在一定的同质性，两者之间存在竞争，它们都不会甘心这种平均主义，它们都想比对手得到更多客流量。于是，麦当劳与肯德基都选了在 1/2 处开店，从而可以不流失任何顾客。因此，两家店就凑在一起了。而那种原来双方各占 1/4 位置的分配并不是一种稳定的配置。麦当劳与肯德基所选择的就是纳什均衡的位置，在这个位置上谁要单独移开一点就会丧失这一点市场份额，所以谁都不愿意偏离中心点。

由此，我们也可以得出，只有两家店铺紧挨在街的中心位置开张才是最稳定的纳什均衡。在纳什均衡点上，每一个理性的参与者都不会有单独改变策略的冲动。

◎ 正和博弈——提升与合作伙伴博弈的水平

正和博弈又称合作博弈，是指博弈双方或多方利益均沾，或者至少一方利益增加，而其他各方利益不受损害，这种博弈认为社会利益是处于不断增加中的。从利益分配上来看，正和博弈实质上是妥协让步，博弈者在竞争中要遵循事先制定的有约束力的条文规定，既可是书面上的，也可是口头承诺。正和博弈强调的是集体主义和相互配合，本着公平、公正、互惠互利等原则来分享利益。

曾经有这样一个故事：有人问一位传教士，天堂与地狱有什么区别，教士把他领进一间房子，只见一群人围坐在一口大锅旁相互叫嚷着，虽然他们每人都拿着一把汤勺，但因勺柄太长，他们无法将盛起的汤送到嘴里，所以都只能眼睁睁地看着锅里的珍馐饿肚子。教士又把他领进另一间屋子，同样的锅和同样的勺子，但所有的人却都吃得津津有味，原来他们在用长长的汤勺喂对方吃。教士此时回答说："刚才你看到的那里就是地狱，而这里便是天堂。"

通过合作实现双赢，这一观点已经得到了社会各界的普遍认同，所以正和博弈正在逐步取代以往占主导地位的零和博弈，成为现代社会博弈学的主流。小到每个人的人际关系，大到企业间的强强联合和国际合作组织的纷纷建立，都有力地印证了竞争与合作并存，如果只为利益而竞争，则社会便会陷入尔虞我诈的混乱局面。

以鳄鱼和鳄鱼鸟相互依存的关系为例：鳄鱼虽然凶残无比，却允许鳄鱼鸟飞到它的口中取食。这是为什么呢？因为鳄鱼鸟聪明机警，它在啄食鳄鱼牙缝中的残食时不但可以充当鳄鱼的警卫，在发现异常情况后可以靠鸣叫提醒鳄鱼，更重要的是，鳄鱼鸟取食牙缝残食后清理了鳄鱼的口腔，减少了腐食长期寄留鳄鱼口中有可能带来的疾病，因此鳄鱼与鳄鱼鸟成了天生的朋友。

博弈最好的结果是双赢或多赢，当然也可能是有输有赢，但一定要在博弈中找到一个平衡点，找这个平衡点并不容易，需要智慧。

企业面临的市场形势是严峻的，最突出的就是各种增加开支的因素明显增多，这个特点不仅你有，你的大多数合作伙伴也有。各家企业都在研究对策消化这些增支因素。在对待供应商、对待客户、对待合作伙伴的问题上，要更加公正、公平、公开，既要礼貌待人，又要公正处事，正确把握好自己和合作伙伴之间的博弈关系，把企业自身利益放在第一位，防止自己陷入人情关系和腐败泥潭。

市场经济的整体环境是错综复杂的，不少人都感觉这种博弈越来越激烈。因此，与合作伙伴博弈的水平必须创新和提升。现阶段与合作伙伴打交道需要高超的博弈艺术，谁不具备这一点，就不能被称为一个合格的老板。

◎ 零和博弈——十赌九输

零和博弈是指参与博弈的各方在严格竞争中一方受益，另一方必然受损，博弈各方的收益与损失之和永远为零。就像四个人打麻将，赢家赢钱的数目，与输家输掉的数目恰好相等。这种博弈理论与物理学上的质量守恒定律相似，博弈各方所争的利益是固定不变的，整个社会的利益并不会增减。

零和博弈的典型事例是赌博和期货交易。我们知道，在赌局中，赢家所得就是输家所失，输家和赢家的得失之和为零。期货交易也是如此，空头和多头最终的得失之和也是零。在这样的游戏中，每个人的财富虽有增减，但社会财富的总量不会增加。

传统的企业博弈过程叫零和博弈，就是在严格的竞争状态下，一方的收益来自另一方的损失，博弈各方的收益和损失相加总和永远为零，各方不存在合作的可能。各方只有竞争没有合作，而且竞争起来是很残酷的，可以说是你死我活的。失败的一方企业倒闭，一无所有，退出市场，即使是胜利的一方，也会付出很大的代价。

这种竞争方式严重地威胁着行业的健康发展和企业的生存。其实，在我国的很多行业中，企业之间的竞争早已白热化，特别是价格战，使很多企业不堪重负。在企业的零和博弈状态下，最终伤害的是整个行业和消费者利益。在激烈的竞争中，有的企业为了占有较大的市场份额，挤垮竞争对手，拼命打价格战。在这种情况下，很多企业肯定难以负担高昂的成本，那么降低成本就是唯一的出路。成本的降低势必影响到产品的质量，由于产品质量问题，不仅损害了整个行业，而且也使消费者对产品失去了信任。

零和博弈是一种不正常的竞争方式，它最后只会造成双输的结局。所有参与竞争的企业的利益都受损，整个行业受到打击，消费者不再认可产品。企业之间只有形成命运共同体，尊重市场游戏规则，才能在激烈的市场竞争中生存下来。

◎ 负和博弈——赔了夫人又折兵

负和博弈是指博弈双方或多方通过竞争、冲突后，双方都有所损失，用俗话说就是两败俱伤。军事战争基本都属于负和博弈，战争对双方都没好处。

从表面看，战争有胜负之分，而实质上不管是胜利者还是战败者都会被战争弄得满目疮痍、民生凋敝，家破人亡、妻离子散带来的痛苦更是让人永生难忘。

在交际中经常会发生负和博弈现象。大多是因为博弈双方心胸狭窄，遇事不冷静而造成的。就拿夫妻俩一起看电视这件小事来说，由于个人爱好不同，意见不统一，双方都不妥协，甚至关掉电视，这样无疑会造成夫妻关系不和，最后弄得两败俱伤。但是在同样的情况下，如果另一方心胸足够开阔，能够容纳对方的爱好，就能使夫妻感情更和谐，生活更美满。妥协作为人与人之间的一种社会关系和行动方式，就是一种交易，一种权利的让渡。

在生活中经常会听到这样的话，"这事我办不成，谁也别想办成""这东西我得不到，谁也别想得到"。这正是负和博弈造成的典型案例。例如，东道国和外商投资的收益变动格局，两方的收益同时减少，外商投资者由于对其投资的长期收益没有把握，往往要求获得高于正常水平的收益率，以便在短期内就能"回收"投资。而过高的收益率要求又会引起东道国的不满，从而使其采取限制外商抽回资本和利润等政策，甚至走得更远如威胁没收外商的资产等。在这种情况下，外商投资者会相应采取消极的投资态度，逐步停止在东道国的业务活动，并致力于如何从困境中摆脱出来从而抽回更多的资本，这种投资态度不仅会使投资者遭受损失，也会使东道国的收益随之减少。

价格战也会使一个产业的收入和利润受损。如果整个行业只关注低价和市场份额，那么常常会带来灾难性的后果。因此，纯粹的、过度的价格战正是一种负和博弈，价格竞争越激烈，给市场造成的损害就越严重。

第八章

人尽其才：老板要懂得人才经济学

人才成本

◎ 人才经营——企业投资人才如何获得 100 倍的回报

想让自己在生意场上无往而不利，让自己所经营的企业更快地做强做大，就必须找对人才，经营人才。找不对人才，不懂得经营人才，不善于让人才来帮你的忙、分担你各方面的职责，老板是不可能赢得巨大的财富的。

经营人才是为了让人才帮助我们去做我们自己没时间去做的事、做不好的事、不愿意去做的事。

经营人才就一定要知人善任，能够将人才放在合适的位置上，人尽其才，让其做最擅长的事情。企业最应该经营的不是产品或服务，而是人才，人才才是企业最大的财富，人才的不断增值才能保证企业的不断发展。

松下电器的创始人松下幸之助有一句非常有名的话，他说："本企业主要生产人才，兼营电器。"在他看来，企业对人才的经营才是根本，是企业的一切经营之首。持松下幸之助相同观点的还有海尔集团，也非常推崇经营人才的理念。在海尔集团，员工是一种资源，这种资源需要企业用力开发，更需要企业用心经营。

松下和海尔的人才经营理念告诉我们，企业只有重视人才的价值，用心经营人才资源，才能发挥人才对企业的推动作用，才能实现人才资源的不断增值。

企业经营的成功源自人才经营的成功。企业面临的生存环境到了互联网时代将更加残酷。互联网时代，企业之间的竞争更加激烈，产品和服务的同质化日益严重，使得企业的生产经营举步维艰。这个时候，对企业来说，能让其在市场竞争中拉开距离的最关键因素是推出企业产品和服务的人才，而并非产品的销量和服务本身。人才所创造的价值才是企业不断发展的动力。相比较需求不断变化的产品和服务，对人才价值的重视才是企业最应该长久坚持的。因为无论什么样的产品或者服务，它的生产、制造、销售、更新都需要人才的智慧和努力。

企业老板要把人才放到经营的层次去思考，思考人才的问题需要站在经营和战略的角度，而不是仅仅站在人力资源的角度。老板要有人才经营者思维。人是企业经营战略的核心要素，需要长期投入，要有长期价值主义导向，对人才的投入要追求长期回报，要有耐心。

◎ 人才流动——人挪活，树挪死

无论企业的前进多么美好，都会有人弃之不屑，人才跳槽是相当普遍的现象。跳槽是适应社会发展和个人自身发展需求的一种积极态度，是人才为追求更高价值体现的标志。

一些企业之所以人才流失率高，主要是企业在发展过程中忽视了对人才的培养，没有为员工的发展以及能力的提升设置合理的职业发展机制。因此，很多在企业中没有获得成长的高层管理者大多会选择跳槽。而很多具备熟练技能的基层员工，通常会因为不满意薪酬待遇以及工作环境等因素而选择离职。

常言道，人挪活，树挪死。什么是活，什么是死？对企业员工来说，所谓死，就是在这个企业里已经没有发展空间了，边际收益很小。所谓活，就是可以通过努力，得到更大的发展空间，进入边际收益递增阶段。

人人都希望在好的企业工作，而好的企业对人才来说也是一种资源。根据经济学供给与需求定律，当供给不足的时候，价格就要上升，也就是说，企业越发展，对人才的素质要求就越高。这就形成了企业的发展与人才的竞争和岗位的竞争的互动，通过竞争把好的人才留下来。好的人才留下来，企业就能够得到进一步的发展。

从资源配置的角度来说，人才只有在流动中才能得到优化配置，才会发掘其潜能，才能使人的知识、能力不断保值、增值。适当的人才流动对人力资源配置的科学化、合理化有着一定的积极意义。

企业要科学对待人员流动，人员流动虽然是大势所趋，但对具体的企业来说，人才跳槽必然会带来不利的影响，不过对企业也有有利的一面。跳槽的员工如果属于低素质的员工，其离去对企业来说是有利的。企业在面对跳槽问题时，要分析判断是哪一种员工在跳槽。跳槽者的离去使企业可以重新输入新鲜的血液，带来新知识、新观念、新的工作方法和技能等，从而改进企业的工作效率。由于跳槽的高昂成本，会迫使企业不得不审视人力资源的管理方法，如采取更加科学的招聘方法，更合理的薪酬管理手段，增加内部提升的机会等。

◎ 人才流失——关键人才流失给企业带来的成本损耗

常言道，"流水不腐，户枢不蠹"。意思是经常运动的东西不容易受到侵蚀，可以经久不衰、充满活力，但是人才的流动对企业来说弊远远大于利。

在市场竞争中，从某种程度上来说，赢得了人才也就赢得了竞争的胜利。人才流失带来的最直接损失就是企业不仅要为员工流失之后花费招聘成本，还要支付更加高额的培训支出，以及因人才流失之后不可避免要承担的一段时期内工作效率下降所造成的隐性成本。

人才流失除了会造成企业直接成本的损失，还会造成间接成本的损失，尤其是那些技术人员、管理人员以及销售人员的流失，会造成其所掌握的技术、客户的随之流失，甚至一些商业机密也会被泄露。员工的流失还会对在岗人员的工作情绪造成严重的打击，甚至会导致更大范围的人才流失，特别是如果流失的人才处于团队或组织中的核心地位，那么集体跳槽现象就有可能难以避免。作为一名企业的管理者应该谨慎对待人才的流失，以免对企业的经营造成严重影响。

以企业裁员为例，这是企业降低成本、提高绩效的快捷方式。但是裁员可能导致关键性人才的流失，留职人员因职业安全感的丧失而产生恐慌，最终可能导致企业竞争力降低。传统的成本控制观念只看到裁员减少了工资福利支出，却没有看到人才流失的机会成本和在职员工担心下岗的恐惧成本。

"互联网＋"时代，占用企业成本最高的是关键人才。相较于普通员工来说，关键人才具备以下五类特征：

（1）拥有与业务相对应的专业特长和技能，或者自身具备极高的个人素质。

（2）工作积极性高，渴望在工作中实现个人价值。

（3）重视企业对员工的精神激励和成就激励。

（4）具备极强的创造性，善于自主完成工作。

（5）有进取心，不安于现状，工作流动性较高。

关键人才的流失会给企业带来大量的成本损耗，具体如图8-1所示。

离职成本	·关键人才在职期间企业要付出业务培训、基本教育以及差旅费用等相关成本。随着人才的离职，企业还要承担相应知识产权流失的成本。由该员工维系的客户随着其离职中断，重新建立联系也需要付出成本。鉴于关键人才与普通员工的不同，企业在其离职时需要付出更高的经济补偿
补缺岗位成本	·关键人才离职带来岗位空缺，无论是由内部成员还是外部成员来暂时补缺，都需要付出额外的薪资成本，或者外包工作的成本
新一轮招聘的成本	·重新引进人才需要新一轮招聘，这期间甄选、广告、在网站发布信息、内部员工推荐奖励等都需要额外成本的支出
培训成本	·对人才的培训需要大量成本支出，如岗前培训、专业技能一对一指导等
生产率成本	·离职人员在职时参加公司培训、离职之前及公司内部候选人参加内部招聘等都会带来生产率成本的损失

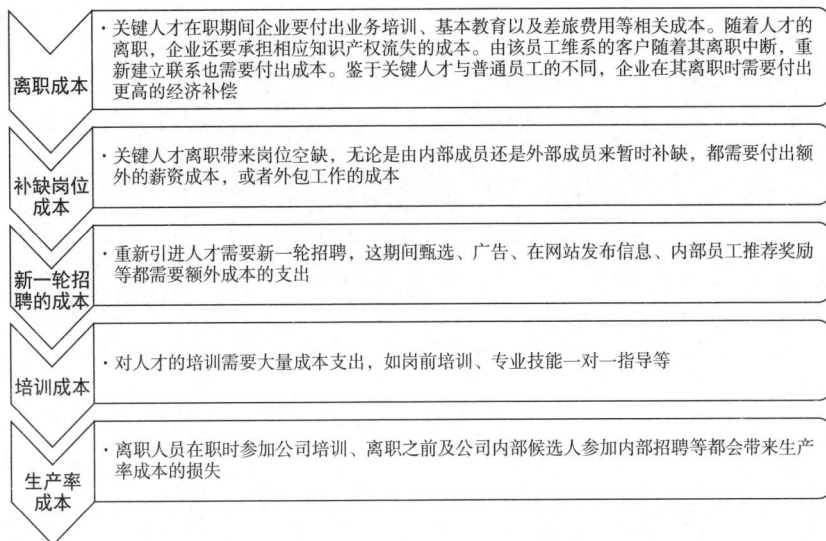

图 8-1　关键人才的流失给企业带来的成本损耗

经过大概计算都会得出一个成本的数字，聪明的企业老板和 HR 人员都已经认识到，必须要把提高员工的忠诚度放在重要的位置来避免人才流失所带来的成本消耗。

人才激励

◎ 蜡烛群效应——要一片光明，不要灯下黑

一位哲学家谈到人才的意义时，打了一个很好的比方：聚集在一起的人才就像是同时点亮的一批蜡烛，当你在照亮别人的同时，别人也照亮了你。这跟我们常说的"众人拾柴火焰高"有着异曲同工之妙。

美国的硅谷之所以能取得举世瞩目的成就，重要原因就在于那里聚集了大批的人才，他们相互"照亮"，共同创造了 20 世纪后期美国高新技术产业发展的巨大成就。

企业的经营同样如此，能否持续迅速地发展，关键是人才。这里的人才，不是一两个人才，而是人才济济。正所谓独木不成林，一片树林可以共同抵挡风雨，树和树之间形成竞争，每棵树只有使劲往上长，得到的阳光才能越来越多，这片树林才会越来越茂盛。

一家企业的健康发展固然需要老板的创新才能和组织合作才能，但这些才能都是在有了一批人才的基础之上才可能实现的。一些优秀的企业之所有能有较大的发展，并能顺利地跨越一些看起来不太容易过得去的坎儿，一个重要的原因就是得益于建立了一支由各个层面上的人才组成的队伍，形成了一个"蜡烛群"，甚至有了一片小树林的氛围，大家能够抱成团，互相取长补短，互相提携和"补台"，从而使事业能够顺利推进。

某企业开项目汇报会时，老板采用了新的形式，自己不说，而

是听各部门经理说，他想看看部门经理的想法与自己的思路到底有多大的差距。换个角度来说，也就是想看看手下有没有"蜡烛"。如果那些在位的部门经理确实都是人才，都有能力发光，那么，就看这些"蜡烛"是否已经被"点亮"了。

老板"明烛高照"确实难得，不过，明烛高照还容易产生灯下黑，容易滋生小人。因此，老板要吸引一批能真正点亮的"蜡烛"，并且按照规定的商业模式把他们都"点亮"，最终形成一片灿烂的烛光。这不容易做到，但不容易做到的事一旦做到了，就离成功更近一些了。

◎ 囚徒困境——让员工感觉自己与企业共赢

囚徒困境是博弈论中非零和博弈的典型案例，用以说明个人的最佳选择往往会得不到最佳效果，它描述的是追求利益最大化的理性人最终是如何陷入自己设置的困境的。

囚徒困境说的是两个囚徒入狱，检察官告诉他们，如果两人都抵赖，各被判刑1年；如果两人都坦白，各被判8年；如果两人中一个坦白而另一个抵赖，坦白的被放出去，抵赖的被判10年。于是，每个囚徒都面临两种选择：坦白或抵赖。然而，不管同伙选择什么，每个囚徒的最优选择是坦白：如果同伙抵赖、自己坦白的话，就能够被放出去；抵赖的话被判10年，所以，坦白比不坦白好。如果同伙坦白、自己坦白的话都被判8年，比起抵赖被判10年，坦白还是比抵赖的好。结果，两个犯罪嫌疑人都选择了坦白，各被判刑8年。如果两人都抵赖，各被判1年，显然这个结果最好。

两人面对的情况一样，所以两人的理性思考都会得出相同的结论——选择背叛，背叛是两种策略之中的支配性策略。因此，这场博弈中唯一可能达到的纳什均衡，就是双方参与者都背叛对方，结果两人同样服刑 8 年。这场博弈的纳什均衡，显然不是顾及团体利益的帕累托最优解决方案。以全体利益而言，如果两个参与者都合作保持沉默，两人都只会被判刑 1 年，总体利益更高，结果也比两人背叛对方、被判刑 8 年的情况较佳。但根据以上假设，二人均为理性的个人，且只追求自己个人利益。均衡状况会是两个囚徒都选择背叛，结果两人获得的判决均比合作时高，总体利益较合作时低，这就是困境所在。

可见，囚徒困境是非常普遍而有趣的简单抽象思维，可以说是对人类社会活动最形象的比喻，它准确地抓住了人性的不信任和需要防范这一点，利用人们多疑的心理活动，像一只无形的手，指挥着人们做出选择。从个体的角度来说，背叛是最好的选择，但背叛也会导致不理想的结果。

只要有利益冲突的地方就有囚徒困境。许多行业的价格竞争都是典型的囚徒困境现象，每家企业都以对方为敌手，只关心自己的利益，不管对方的决策怎样，自己总是以为采取低价策略就会占便宜，这就促使双方都会采取低价策略。

囚徒困境反映在企业中，最常见的体现就是薪酬制度。薪酬是员工与企业之间博弈的对象。员工和企业很难有真正的相互认同，双方始终在考察对方然后决定自己的行为。员工在考虑，拿这样的报酬，是否值得付出额外的努力？企业又不是自己的，老板会了解、认同自己的努力吗？企业会承认自己的努力付出吗？

企业方面则会考虑，员工的能力是否能胜任现在的工作？给员工的薪酬待遇是否物有所值？员工会不会对企业保持持续的忠诚？

由于员工和企业都无法完全地信任对方，因此出现了囚徒困境一样的博弈过程。企业只有制定一个合理、完善、相对科学的管理机制，使员工能够获取相应报酬，或让员工相信他能够获得报酬，这样员工才能心甘情愿地努力工作，员工的工作表现也要与企业给予的薪酬水平相匹配，从而实现企业与员工的双赢。

◎ 搭便车效应——警惕团队中的搭便车效应

南郭先生不会吹竽，却能混在乐队里装模作样，拿到跟其他乐师一样的报酬。工作中这样的例子并不鲜见，美国经济学家曼柯·奥尔逊将这种现象称为"搭便车效应"。

在一个团体中，常常会出现 1＋1＜2 的现象。这是因为，在团体成员相互合作时，有的人在付出努力，有的人却并未全力以赴。这两种人为团体利益所付出的程度不同，他们最终所获得的利益却是相同的。对那些没有付出努力的人来说，他们就像在搭便车一样。

搭便车效应产生的原因很多，可能源自成员主观上的动机、态度和个性的差异，也可能是有些成员没有合作技巧，还可能是平均主义在作祟，同时也和某些领导只看集体成绩而不考虑个人成绩的做法密不可分。毫无疑问，搭便车效应的危害非常大，我们不能一味地强调共同利益而忽视成员的个人需求。

对企业而言，搭便车行为严重地危害着企业的整体效益，可能会使每个人都希望由别人付出或者承担风险，自己坐享其成，这会抑制团队成员为集体利益而努力的动力，削弱整个团队的创新力、凝聚力、积极性。对个人而言，个人工作不踏实，要小聪明，在工作中挑肥拣瘦，消极应付，很容易被团队的其他成员鄙视，甚至会失去工作岗位。比如，车间规定，如果车间超额完成生产任务，每个人都会得到 100 元的奖励；如果完不成任务指标，每个人都会被扣掉 100 元。这个出发点相当好，如果每个员工都足够努力，都把车间的任务当成自己的任务，都有足够的责任感，那么，最终就会赢得一个皆大欢喜的共赢结局。

但是，假如出现一个人，他觉得自己可以不用努力，或者即使自己少干点儿也不会影响大局，那么这个人的存在将会带来更多人的效仿，结果可能是大家共同"享受"完不成任务每人扣发 100 元的后果。

搭便车实际上是一种职业投机心理，是一种损人利己的不道德的职业行为。一方面，投机者抱着"就算我不做，总会有别人做"的想法碰运气；另一方面，在集体行动中，一个人到底出了多少气力往往难以考证，无形中给搭便车者提供了机会。但是，搭便车的人多了，总体效率必然降低，甚至损害集体利益，导致所谓的搭便车困境。因此，安排任务时不妨针对个人，按劳分配，不给搭便车者提供机会。

◎ 鲶鱼效应——生存受到威胁时，更能产生爆发力

鲶鱼效应源自这样一个故事：挪威人捕捞沙丁鱼运回码头时，常有一些鱼由于舱内憋闷而死，只能低价处理。所以渔民总是千方百计地让沙丁鱼活着回到渔港。后来，他们把鲶鱼放入鱼槽。鲶鱼是沙丁鱼的天敌，由于天性会不断地追逐沙丁鱼。沙丁鱼见了鲶鱼十分紧张，左冲右突，四处躲避，加速游动。这样沙丁鱼缺氧的问题就迎刃而解了，一条条沙丁鱼欢蹦乱跳地回到了渔港。这就是著名的"鲶鱼效应"。

鲶鱼效应是一个经济学概念，它实质上是一种负激励，即采取某种手段或措施去刺激一些企业，让它们因此而活跃起来，然后参与到市场的激烈竞争中去，从而激活市场中的同类企业。

企业就如同一个船舱，大部分员工都是沙丁鱼，而放进少部分鲶鱼的作用就在于，他们能够充分刺激竞争，从而调动起大部分员工的工作热情和积极性，使他们展现出更多的活力，为企业创造更大的价值。通常来说，当一家企业进入较为稳定的状态时，企业里的人才也开始一团和气，工作积极性和工作效率明显降低，这对一家企业来说非常危险。因此企业管理者们为了提高人才的积极性，

就开始往企业里输入几个"鲶鱼型"人才，利用其干劲，创造竞争气氛，以增加群体活力和组织发展的动力。

"鲶鱼型"人才往往具备这样的特点：积极主动，行事果断，多是具有创造性的个体，善于把压力传递给他人。他们的行为常会具有冲动性、冒险性、独立性、灵活性、持久性、自控性、自发性等特点，企业适当引入一些"鲶鱼"，会给整个团队带来新鲜的空气，带来创新，激发其他员工的活力。用活、用好"鲶鱼型"人才，可起到理想的效果！

鲶鱼效应不仅是动物世界的生存法则，它还是企业管理的一种手段。现在越来越多的企业开始将其应用于管理之中。羊和沙丁鱼只有在生存受到威胁的时候才会有强烈的求生意识，从这种角度来说，个人和企业的发展也是如此，也只有在生存受到威胁的时候才会产生爆发力，才会竭尽所能地去发挥自己的潜能。

薪酬与效率

◎ 效率工资——高薪背后的逻辑

在中国的企业中，华为公司可谓是一家名副其实的"三高"企业：高效率、高压力、高工资。《华为基本法》第六十九条中写道："华为公司保证在经济景气时期和事业发展良好的阶段，员工的人均收入高于区域行业相应的最高水平。"华为反其道而行之，岂不是在不必要的情况下增加公司的成本？其实我们大可不必为其担心，所有的雇主从来不做亏本的生意。那么这其中的秘诀又是什么呢？让我们从效率工资开始说起。

效率工资是指企业为了激励员工努力工作，提高劳动生产率或劳动效率，支付比市场平均水平更高的工资，以发展经济。经济学家莱本斯坦最早提出效率工资的理论，他认为生产率与工资水平呈正向关系。

对一家企业的老板来讲，成本越低，效率越高，生意就会做得越好。如果你问一家企业的老板怎样降低成本，十有八九的老板会告诉你压缩经营成本，或者直接严格管控工人工资，说白了，就是给工作人员一份与自己付出完全不相称的低工资。经营成本低是企业竞争的一大优势，是做生意的法宝，因此有一些企业长期实行低工资政策。而华为、福特则逆此道而行，通过高工资争取人才，创造价值，留住人才，优胜劣汰。

在企业中，金钱是员工根本的需求之一。不管你使用多么美妙的言辞表示感谢，不管你提供多么好的训练，他们总是期望得到自己应得的报酬甚至更高，让自己的价值得到体现。高薪企业往往能够留住人才，因为员工没有跳槽的动机，别的企业给出的薪酬不会超过他现在的薪酬，所以他会珍惜现在的工作。同时，高薪企业还会不断优化人力资源结构。例如，华为一直使用末位淘汰制来优化人力资源结构。

在效率工资理论中，有一个基本假定：企业的效率工资是用来交换员工加倍工作的，而员工的加倍工作也是用来获取企业的高工资的。社会关系中的互惠原则是效率工资起作用的基本条件。提高效率工资的激励效用，促进劳动力市场的健康发展，尽管这里边有政府不可推卸的责任，但是作为一家企业，也要遵循这个规则，完善市场秩序，提高自身的效率工资激励制度。效率工资充分显示了按劳分配的原则，多劳多得。效率工资理论昭示，高生产率是高工资的结果，而不是高工资是高生产率的结果。支付效率工资能稳住和吸引大批优秀人才，提高生产率，使劳动总成本最低。企业老板要科学运用效率工资理论，推进薪酬革命，不断完善薪酬设计机制。

有些企业愿意支付高昂的工资并不是没有道理的，它有利于企业的高效运营，这种现象在经济学里被称为效率工资。效率工资并不是按照员工的工作效率支付工资，而是给予员工高于市场平均水平的工资，以提高员工的工作效率。效率工资是一种筛选机制，它通过高于市场平均工资的工资水平，挑选出优质员工，并将他们留在企业内部。

所以，如果企业资金能够支持一个利润周期的话，提高工资是可行的，同时配合科学的绩效管理，企业将会进入"高工资、高效率、高效益"的良性循环，用一流的人才成就一流的事业，这样企业与员工都会加速发展。

◎ 智猪博弈——绩效考核中的微妙战争

"智猪博弈"讲的是猪圈里有一大一小两头猪。猪圈的一个角落里有一个踏板,在远离踏板的对角处有一个投食口,每踩一下踏板,投食口就会落下少量的食物。如果有一只猪去踩踏板,另一只猪就有机会抢先吃到投食口落下的食物。当小猪踩动踏板时,大猪会在小猪跑到投食口之前几乎吃完所有的食物;若是大猪踩动了踏板,则它还有机会在小猪吃完落下的食物之前跑到投食口,争吃到一些残羹。

那么两只猪各自会采取什么策略呢?答案是,不管大猪是踩踏板还是不踩踏板,小猪的最优策略是不踩,也就是舒舒服服地等在投食口边;而大猪则会为一点残羹不知疲倦地奔忙于踏板和投食口之间。原因何在?因为小猪踩踏板所获甚微,不踩踏板反而能吃上更多的食物。对小猪而言,无论大猪是否踩动踏板,不踩踏板总是好的选择。反观大猪,明知小猪不会去踩动踏板,自己亲自去踩踏板总比不踩强,所以只好亲历亲为了。

因此,"智猪博弈"的均衡解就是大猪踩,小猪不踩,出现了"小猪躺着大猪跑"的现象。这主要是由事先定下来的规则决定的。这些规则是智猪博弈存在的基础,就是双方都无法摆脱共存局面,而且是必有一方要付出更多的代价换取双方的利益。如果改变一下规则的指标,猪圈里就会出现其他景象。

玩游戏,规则制定很重要,这就要求规则的设计者应清楚、慎重地考虑规则制定的前瞻性、适应性和高效性。对弱者来说,不但要理解规则,还要找到有大猪的那个食槽,并等到对自己有利的游戏规则形成时参与游戏,也就是所谓的搭便车。

细心的人不难发现,在一个团队中可以运用同样原理,有的人能力突出而且工作积极努力,相反,有的人工作消极从不尽心尽力,或者因能力差即使尽力了也未能提高工作效率，这在无形中便建立起了智猪博弈的模型：一方面，大猪在为团队的总体绩效包括自己的个体利益来回奔波拼命工作；另一方面，小猪守株待兔、坐享其成。长此以往，大猪的积极性必定会慢慢消退，逐渐被同化成小猪。届时，团队业务处于瘫痪状态，受害的不仅是其单个团队，而且还会伤及整个团队的总体利益。

那么，如何使用好绩效考核这把钥匙，恰当地避免考核误区，既能做到按绩效分配，又能做到奖罚分明？

在智猪博弈中，大猪获得成功，但也有无奈，感觉小猪简直就是不劳而获，不公平。其实小猪心态不是不想去按动机关，而是小猪知道去按动机关会得不偿失。是行动还是等待，这种选择在现实中比比皆是。例如，技术创新成功了会有美好的前景，问题是，在技术创新道路上，创新者需考虑自己的身份，如果有强大的竞争对手，弱者选择对对手有利的技术创新，往往不是明智的，强大的对手可以坐享其成；如果没有强大的竞争对手，创新者通过技术创新迅速强大起来则另当别论。

企业内部应该形成合理的工作及权力分工。一方面可以通过降低部门主管的绩效考核压力，使其有更多精力投入部门的日常管理及专业发展中去；另一方面可以调动员工的工作积极性，协调劳资关系，激发员工的工作积极性，进而推动企业的人力资源管理状况及企业的文化建设。

绩效考核与被考核存在着一种博弈关系，无论对哪一方来说，建立一个合理的、公平的考核制度是非常重要的，尤其是分工制度，可以避免出现评估中的智猪模型，提高员工的工作积极性，把企业做大、做强。

企业文化

◎ 企业文化——文化也是生产力

德鲁克说，管理不只是一门学问，还应是一种"文化"，它有自己的价值观、信仰、工会和语言。企业文化是企业在经营实践过程中，由企业管理者倡导的、在大部分员工中逐渐形成的共同的价值观念、行为模式、感觉氛围、企业形象的总和。企业文化从企业经营管理的实践中产生，同时要在经营管理实践中坚持践行。

著名经济学家于光远有句名言："国家富强在于经济，经济繁荣在于企业，企业兴旺在于管理，管理优劣在于文化。"这句话用精练的语言，把企业文化的地位与作用提升到了战略的高度，升华到了核心的位置。

从作用和任务上讲，企业文化强调的是企业的经营和管理，直接服务于企业发展的战略和目标，根本任务是通过增强企业凝聚力，提高企业创新力，提升企业形象和市场竞争力，从而提高企业经济效益。企业文化突出的是其创新性和独特性，随着企业内外环境的变化，企业文化的内容也随之不断充实、完善，有时为适应竞争环境还要实行彻底变革，以满足新的企业战略的整合要求。对跨国公司而言，还必须实行跨文化管理，以适应本土化要求。

文化是生产力，企业文化也是企业的生产力，强大的企业文化对保持企业长盛不衰起着不可或缺的作用。"百年老店"的奥秘在于已经形成了一套内化为职工的自觉行动的企业文化。美国《财富》

杂志曾在扉页上写道："没有强大的企业文化，没有卓越的企业价值观、企业精神和企业哲学信仰，再高明的企业经营战略也无法成功。"

企业文化更类似于化学反应中的催化剂。催化剂不能让无法发生化学反应的两种试剂发生反应，但可以加快发生化学反应的试剂的反应速度，提高原料利用效率。通过注入优秀的企业文化，可以打造共同愿景，激活组织氛围，鼓舞员工士气，指明前进方向，让平庸的企业变得优秀，让优秀的企业变得卓越。

❀企业文化与领导力——有什么样的老板，就有什么样的企业文化

所有企业都有自己独特的文化。企业文化又被称组织文化，是一个组织由其价值观、信念、仪式、符号、处事方式等组成的特有的文化形象。企业文化是可策划的，企业欲上市，管理先上市，价值观先上市。文化是"道"，它贯穿于企业发展始终，又潜行于企业各个细节和制度中。文化无形却又比有形之物更具有力量，是"理念制胜"时代的企业的核心。因此，优秀企业不但要上市，更主要是文化上市，价值观上市。

企业的创始人和领导者对企业文化有着至关重要的影响。一家企业的文化起源，往往同创业者的创业意识、经营思想、管理风格以及其胆量品质密切相关。《寻找优势》一书的作者认为："优秀公司之所以优秀，是因为它们具有一系列独特的文化特质，这使得它们与其他公司大不相同……但通过调查，我们确实发现几乎每一家优秀公司都有一两个很强的领导人，他们似乎对公司经营成功贡献颇多，起到头等重要的作用。"可见，企业家在企业文化建设过程中起着重要作用。

创始人在创建企业之初，由于自身的文化经历和个性，他们会

对组织的设想有自己的见解，对世界的本质、企业在社会中的地位、人性和人际关系的本质、时间、空间的本质都有自己深刻的假设，在企业的运行过程中，创始人和核心团队成员通过提供解决问题方案把自己的假设加在别人身上，通过问题的不断解决，对这种文化学习的不断加强，最终形成组织文化。

当然，一家企业是不是存在一个强大的、正向的企业文化，与企业是否重视企业文化建设有关，因企业的发展阶段的不同而不同。正向的企业文化能够帮助企业凝聚人心，高效应对内部、外部的问题，减少整个企业的焦虑，提升企业的生产效率。

◎ 帕金森定律——企业机构切忌官僚化

帕金森定律是英国学者诺斯古德·帕金森提出来的。他在《帕金森定律》一书中阐述了机构人员膨胀的原因及后果。

一个效率低下的官员可能有三条出路，第一是申请退职，把位子让给能干的人；第二是让一位能干的人来协助自己工作；第三是任用两个效率比自己更低的人当助手。帕金森分析道，第一条路是万万走不得的，因为那样会丧失许多权力；第二条路也不能走，因为那个能干的人会成为自己的对手；看来只有第三条路最适宜。于是，两个平庸的助手分担了他的工作，减轻了他的负担，他自己则高高在上发号施令。由于助手的平庸不会对他的权力构成威胁，所以这名官员从此也就可以高枕无忧了。既然两个助手一样的无能，也就上行下效，再为自己找两个更无能的助手。以此类推，就形成了一个机构臃肿、人浮于事、相互扯皮、效率低下的机构体系。

因而，帕金森提出了这样的观点：政府机构与人员的发展，遵循着"机构愈大，扯皮愈多；扯皮愈多，机构也就愈庞大"这样一条官僚机构自我繁殖和持续膨胀的规律。

帕金森定律深刻揭示了行政权力扩张所引发的人浮于事、效率低下的官场传染病，充分暴露出管理机构的可怕顽症。

帕金森定律虽然以政府机构的人员膨胀为例，然而，如果我们把帕金森定律延伸到企业管理中，就会发现企业中同样存在这种情况。现成的例子就有美国汽车业的"三大恐龙"——福特、通用、克莱斯勒。这"三大恐龙"的形成，就同机构和人员膨胀有关。企业组织机构膨胀，稍有不慎，经营效益就会被恐龙化的机构和人员吞噬。

有些企业老板的管理方法和能力跟不上时代的发展，但是他们一直占据着高位，也不请能干的助手帮助他，只喜欢用一些能力平庸的人去管理，而自己也不管企业的发展如何，最终导致企业内部人浮于事。

要想解决帕金森定律的症结，必须把管理单位的用人权放在一个公正、公开、平等、科学、合理的用人制度上，不受人为因素的干扰，最需要注意的是：不将用人权集中在一个管理者的手里，问题才能得到解决。

事实证明，帕金森定律式的用人原则会导致自上而下，一级比一级庸人多，最终产生出臃肿的庞大管理机构。打通员工的晋升通道，建立有效的人事管理机制，克服大企业病，才能有效规避帕金森现象。

企业老板应该多自我反省："我有帕金森定律的症状吗？我将权利看得很重吗？我敢任用比我强的下属吗？"只有任用能人，才能让自己的管理发挥最大功效。让一流人才做自己的下属，你才能有更加广阔的舞台，企业才会有更大的发展。

第九章
投融资中的经济学思维

资本市场／股市

◎ 资本市场——没有硝烟的战场

　　商品在市场中进行交易，资金也是一种商品，投资和融资如同商品一样也需要交易，其交易的地方就是资本市场。资本市场也被称为长期资金市场，是指期限在一年以上各种资金借贷和证券交易的场所。因为在长期金融活动中涉及资金期限长、风险大、具有长期较稳定的收入，类似于资本投入，故被称为资本市场。

　　资本市场是由人们公认的交易规则和众多的发行人、中介机构和投资者、组织和监管机构组成的。其中，发行人主要指向社会公开发行证券以募集资金的各种经济主体，包括工商企业、金融机构、政府机构和投资基金管理公司。投资者主要包括以法人身份在资本市场中进行投资的法人机构，包括金融机构、非金融机构和个人投资者。中介机构是保证资本市场能够顺利运转的润滑剂，投机者则是资本市场能够稳定运行的安全阀。没有这两种人，就没有资本市场。

　　资本市场为政府、企业和个人筹措长期资金提供了场所，其主要目的在于满足工商企业的中长期投资需求和政府弥补财政赤字的需要。资本市场有利于企业重组和促进产业结构向高级化方向发展。

　　资本市场的交易对象主要是政府中长期公债、公司债券和股票等有价证券以及银行中长期贷款。在我国，资本市场主要包括股票市场、债券市场和投资基金市场。

狭义的资本市场是指证券市场，主要包括股票和债权市场，即股票和债权的发行和流通市场。股票和债权的发行市场又被称为一级市场，分为初次发行市场和再发行市场。初次发行也被称首次公开募股（IPO），是公司第一次发行新证券的行为。再发行市场指公司增资补充发行证券的行为，如配股、转增资本等。一级市场是证券经纪人市场，由证券经纪人进行承销或者报销，发行人一般不直接同证券购买者交易。通过一级市场，资金需求者可以通过发行有价证券募集资金，将闲散资金转化为长期建设资金，将储蓄转化为资本。

股票和债权的流通市场又被称为二级市场，是对已发行的证券进行买卖、转让和流通的市场。由于供求、利率等各方面的影响，在次级市场上的股票价格是不固定的。股票流通市场主要是证券交易所，属于场内市场，也有场外交易市场。债券的二级市场主要以场外市场为主。

在证券市场上，上市公司主要以股权作为交易换取投资者的资本，从而完成融资活动，投资者则可以依靠手中的股权获得分红和溢价的收益。在银行信贷市场，银行作为资本的提供方，需要资本的个人或企业可以通过各种形式获得银行的资金贷款，随后需要在约定的期限内以连本带息额方式将资金归还给银行。

资本市场对经济的最大贡献就是提供了一条由储蓄向投资转化的有效途径，它通过价格机制合理地引导和分配资金。因此，资本市场的完善与否影响到一国的投资水平、投资结构、资源的合理分配和有效利用，乃至国民经济的协调发展。

◎牛市、熊市——股市与股市投资

股市是股票交易的市场，股价是股票在股市上交易的价格，投资价值是股票发行公司的内涵价值。三者之间的关系既简单又复杂。三者的根本在于股票发行公司的投资价值，即股票发行公司的投资价值决定其股票价格，股票价格决定股市状况。也就是说，股市取决于股价，股价取决于投资价值。

股市是投资者和投机者双双活跃的地方，是一个国家或地区经济和金融活动的晴雨表。一方面，它是股份公司通过面向社会发行股票，迅速集中大量资金，实现生产的规模经营；而社会上分散的资金盈余者本着"利益共享、风险共担"的原则投资股份公司，谋求财富的增值。另一方面，股市的不良操控会导致股灾等各种危害的产生。

股票价格又称股票行市，指的是在证券市场上买卖股票的价格。股票是一种凭证，它之所以具有价格，是因为它能够给持有者带来股利收入。在股票投资活动中，投资者最关心的是股票价格，因为股票价格的涨跌直接影响到投资者的短期收益。

股票市场是一个股价不断变动的市场，人们在分析股价行市时往往会注意以下几种价格：

开盘价：当天开市后此种股票的第一笔成交价格。

收盘价：当天收市前此种股票的最后一笔成交价格。

最高价：当天该种股票的最高成交价格。

最低价：当天该种股票的最低成交价格。

其中收盘价最重要，它是人们分析股市以及制作股市行情图表时最常用的基本数据。

股市投资时，常会提到几个术语，如牛市、熊市、多头、空头等。

牛市：股市行情看涨即为牛市，因为在华尔街，牛是乐观主义者的象征。

熊市：股市行情看跌即为熊市，因为在华尔街，熊是悲观主义者的象征。

多头：投资者对股市前景看好，预计股价将会上涨，于是先趁低买进股票，待股票上涨至某一价位时再卖出，以获取差额收益。采用这种先买进后卖出交易方法的人被称为多头。

空头：投资者对股市前景看坏，预计股价将会下跌，于是先卖出股票，待股票下跌至某一价位时再买进，以获取差额收益。采用这种交易方法的人被称为空头。

一般来说，牛市比较适合做多头，熊市比较适合做空头，但也不能一概而论，当牛市已成为强弩之末时，做多头已不再适合，而应多翻成空。同理，熊市到了末期之后，也应空翻成多。从理论上讲，股市进入牛市阶段会持续一段时间，在这段时间里，股票价格总趋势是上升的，但也不排除上升过程中出现暂时下降的情况。经过一段时间后，股市将由牛市进入熊市阶段，再由熊市过渡到牛市，这样周而复始地运动。

◉ 上市——华为为什么不上市

上市对任何一家公司而言都是一件极其重要的事情。当前，企业面临的市场竞争日益激烈，为了在这种环境中获得发展，企业必须注重扩大经营规模，提升管理效益。在成熟市场，许多企业不肯轻易上市，是否上市是一项十分谨慎的决策。然而，在当今中国几乎没有不想上市的企业。通过主板上市、创业板上市、中小板上市及新三板上市等方式可以获得外部融资，从而为企业发展提供有效的资金支持。

企业上市的意义在于，进入成熟期后，企业的经营管理体系趋于完善，符合上市条件的企业可以采取股票融资的方式获得资金。股票融资是指资金不通过金融中介机构，而且借助股票这一载体直接从资金盈余部门流向资金短缺部门，资金供给者作为所有者（股东）享有对企业控制权的融资方式。企业上市可以促使企业建立规范的现代企业管理制度，在行业中保有更大的知名度，在人才市场中更有竞争力。另外，股票融资没有利息成本支出，能减轻企业融资压力。

境内上市和境外上市的优点是什么？境内上市的优点包括：

（1）发行成本较低。

（2）上市后维护成本低（境外上市每年需要聘请境外的机构进行审计等，费用较高，有些小企业承受不起）。

（3）熟悉国内法律（海外市场在提供较为完备的约束机制的同时，也具有巨大的语言、文化和法律壁垒；我国企业不熟悉境外法律体系，这不仅使企业付出更高的律师费用，并且会面临种种诉讼风险）。

（4）境内上市，国内估值更高，更容易提升在国内的知名度（境外上市与本土市场的脱节，将对企业的长期发展产生影响）。

境外上市的优点包括：

（1）上市门槛低，筹资速度快。

（2）市场和投资者相对成熟。

（3）市场约束机制有助于企业成长。

（4）企业在海外交易所上市往往会赢得较高声誉，并加入国内或国际知名公司的行列。

很显然，上市可能带给企业更加强大的资本实力，并可提升其他财务远景，也有利于企业对外进行并购。此外，股权多元化或许能带来民主治理、科学决策机制，尤其是能够极大地提升高管的报酬或年薪。当然，上市对公司而言，也有一种低成本广告效应。

但并不意味着想要成为优秀企业一定要上市，企业上市也是有极高风险和代价的，比方，上市前的资产重组、财务顾问费、保荐费等费用是不菲的，如果上市失败，前期的努力和期间的"硬"支出就会打水漂。如果上市成功，IPO承销费以及在证交所的初次挂牌费和持续挂牌年费也不是一笔小数。当然，对上市公司而言，更主要的上市压力、责任和义务是来自上市后监管机构和社会公众投资者对公司的监管和监督。因此，许多家族企业或私营企业都不肯轻易上市。因为上市就意味着一个人或几个人拥有的企业将变成由许多人（包括中小投资者）共同拥有的企业。

企业究竟应不应该上市，很多企业家有自己独特的见解。华为创始人任正非认为，科技企业是靠人才推动的，公司过早上市，就会有一批人变成百万富翁、千万富翁，他们的工作激情就会衰退，这对华为不是好事，对员工本人也不见得是好事，华为会因此而增长缓慢，乃至队伍涣散；员工年纪轻轻太有钱了，会变得懒惰，对他们个人的成长也不会有利。因此，华为坚持不上市。方太集团茅忠群说："其实不上市就是为了自己能够真正静下心来按照自己的思路去发展，因为上市公司会受很多影响，比如，股价涨跌，业绩公布，投资方对你指手画脚；每个季度都要交报表，可能到时为了销售利润不得不采取短期措施。上市和不上市其实差距还是比较大的。"此外，娃哈哈宗庆后、老干妈陶华碧、立白陈凯旋、顺丰王卫也都不愿意上市（迫于财务压力，顺丰最后还是选择了上市）。

企业应结合自身资产、经营情况及市场发展态势具体分析考虑上市与否，避免因盲目上市导致企业负担过重或控制人失去控制权产生损失。同时，政府在政策方面的也可以有适当的调整，在上市条件上适当放宽要求，使我国优秀的中小企业能够顺利上市取得更好的发展。

◎ 股指——经济的晴雨表

股价指数真可以说是个伟大的发明。永远没有人知道明天的股市如何。股市运动只有两个方向：向上或向下。人们用两种动物来表示股市行情：牛市和熊市。当股市一路上扬时，人们把它叫作牛市；当股市一路下跌时，人们把它叫作熊市。股市的上扬或下跌，是通过股价指数来反映的。通过股价指数的变动，我们可以知道股市的冷与热。

那么，为什么我们买股票有时能赚钱，有时又会赔钱呢？为什么股市有时是牛市，有时是熊市呢？投资者如何对股市行情做出正确的判断？那就要看股价指数。如果你想炒股，一定要学会看股价指数。

我们首先对指数尤其是股票指数进行描述。指数是根据资产价格报告期和基期的比较值计算出来，用以反映资产价格变动方向和水平的统计指标。在金融投资市场，根据投资范围和资产类别的不同，指数的种类也十分繁多，包括股票类指数、固定收益类指数、基金类指数、商品类指数、定制类指数、海外指数等。其中，股票类指数是最常见的一类指数，如大家耳熟能详的上证综指、沪深300指数、深证100指数。

"美股三大股指"指的就是道琼斯指数、纳斯达克100指数、标普500指数。道琼斯指数是世界上历史最为悠久的股票指数，它的全称为股票价格平均指数。道琼斯指数最早是在1884年由道·琼斯公司的创始人查理斯·道开始编制的。该指数目的在于反映美国股票市场的总体走势，涵盖金融、科技、娱乐、零售等多个行业。道琼斯工业平均指数目前由《华尔街日报》编辑部维护，其成分股的选择标准包括成分股公司持续发展，规模较大、声誉卓著，具有行业代表性，并且为大多数投资者所追捧。目前，道琼斯工业平均指数中的30种成分股是美国蓝筹股的代表。这个神秘的指数的细微变化，会带给亿万人的惊恐或狂喜，它已经不是一个普通的财务指标，而是世界金融文化的代号。道琼斯指数作为最有权威性的一种股票价格指数，被称为经济的晴雨表。由于强大的科技背景，纳斯达克指数的起落变成了新经济是否良性运转的指示计。

纳斯达克指数是反映纳斯达克证券市场行情变化的股票价格平均指数。纳斯达克指数主要由科技股构成，包括软件、计算机、电信、生物技术、零售和批发贸易等，大致可以代表成长类公司。

标普500指数因为广泛代表了各行各业，反映的是美国总体市场的股票市场行情、变化的股票价格指数。

有人说，道琼斯指数有时让你赚钱，有时让你赔钱，真是叫人头痛。其实，投资者在股市中赚钱与否，绝不是由股价指数决定的，股价指数只是客观地记录股票价格的走势而已。

◎ 热钱——股市凶猛的"经济杀手"

热钱，也被称流资或游资，是指寻求短期回报的流动资金。通常是指以投机获利为目的、快速流动的短期资本。热钱进出之间往往容易诱发市场乃至金融动荡。热钱流动速度极快，一旦投资者寻求到短线投资机会，热钱就会涌入，而投资者一旦获得预期盈利或者发现投资机会已经过去，这些资本又会迅速流走。

热钱的投资对象主要是外汇、股票及其衍生产品等，具有投机性强、流动性快、隐蔽性强等特征。

热钱之所以"游来游去""忙里忙外""热得发烫"，其目的在于用尽量少的时间以钱生钱，获取高额资金回报。说得更具体一点就是，热钱的目的纯粹是为了投机盈利，而不是为了投资实业、创造就业、提供商品或服务。这也是热钱与投资的最大区别。

国际热钱当然也是钱，但人们对它非常排斥，因为国际热钱的名声实在是太臭了。在近几十年的国际资本市场，国际热钱可谓劣迹斑斑，英镑危机、日本泡沫经济、东南亚金融危机、迪拜房地产泡沫……凡事有经济挫折的地方，就一定有国际热钱的身影，甚至一些经济挫折之所以发生，本身就是由于国际热钱在作怪。国际热钱以其极端强大的破坏力让全世界经济学者都心惊胆战，然而讽刺的是，在国际资本市场上，操弄国际热钱的那些人也是经济学者。

他们之所以能够用国际热钱搞垮某国或某地区的经济，靠的也是强大的经济学知识储备，而他们当中的佼佼者，就是乔治·索罗斯。

国际热钱就像是一堆柴火一样，将一个国家的经济烧得热热的，在最热的时候，它却迅速脱身而去，留下的烂摊子就只能由该国自己来收拾了。

热钱并非一成不变，一些长期资本在一定情况下也可以转化为短期资本，短期资本可以转化为热钱，关键在于经济和金融环境是否会导致资金从投资走向投机，从投机走向逃离。想要防御国际热钱，应该在两个方面下功夫，一个是把它挡在国门之外，一个是把它困在国门以内。想进的让它进不来，想出的让它出不去，这样一来，国际热钱便成了国际资本，其所起到的作用就只能是促进经济发展了。

◎ 证券交易所——一个主教的坏脾气影响了整个世界

证券交易所是依据国家有关法律，经政府证券主管机关批准设立的集中进行证券交易的有形场所。证券交易所的产生与证券交易的规模和证券交易的形式紧密联系在一起。换言之，证券交易所是资本市场个别、分散的交易行为向统一、集中的交易行为演变、转化过程中的历史产物。

人类历史上的第一个证券交易所起源于一座桥，起因却是一个主教的坏脾气。

荷兰的阿姆斯特丹有纵横交错的运河，有近百座桥梁横跨于运河之上，这些桥除了是交通枢纽，还是商品交易的场所。其中有一座非常著名的桥，叫"新桥"，初建于1550年。每天，来自世界各地的商人，在这里花两三个小时进行交易。人们在一起谈论着，相互讨价还价，寻找着交易对手，或者传递、探询各种有关股票的信息。当时的新桥是个非常热闹的地方，直到有一天，一个主教的坏脾气让这里的一切发生了变化。每逢恶劣天气，股票交易人就跑到距离新桥最近的一个叫圣欧拉夫的教堂，在那儿继续进行交易，商人们把圣欧拉夫教堂当成了第二交易场所。嘈杂不堪的场景激怒了教堂的主教，他愤然地把那些股票交易商们通通赶出了教堂。因不堪为避风雨而总是东躲西藏的交易商们，只好自行集资建造了一座房子，这所于1611年建成的房子，便成为人类历史上的第一个证券交易所。

纽约证券交易所比荷兰阿姆斯特丹证券交易所晚了近200年，但它是后起之秀，超越了其他国家的证券交易所，成为世界金融中心。该交易所诞生于一棵梧桐树下，后来发展到华尔街。纽约证券交易所是世界经济的晴雨表。许多大公司都是在纽约证券交易所上市的，例如可口可乐、通用电气、IBM、波音、沃尔玛等。

在我国有四个交易所，分别是上海证券交易所、深圳证券交易所、香港交易所和台湾证券交易所。交易所主要负责提供证券交易的场所和设施，制定证券交易所的业务规则，接受上市申请，安排证券上市，组织、监督证券交易，对会员、上市公司进行监管等事宜。证券交易所向社会公布证券行情、按日制作的证券行情表以及就市场内成交情况编制的日报表、周报表、月报表与年报表等，成为技术分析的首要信息来源。

◎ 博傻——股市风险的防范

股市中有一句老话——股市有风险，入市需谨慎。经济活动的不确定性，或国家政策出现的各种变化，往往会导致股市发生波动，这种变动可能会使投资者蒙受损失，这就是股市中的风险。只要你踏入股市，就意味着股市风险将时刻伴随你左右。

巴菲特曾说过，千万不要把钱用来储存，钱是用来生钱的，股市只相信钱，即使是傻子，只要他肯投资，也可以赚到钱。

博傻理论认为，市场并非总是有效的，信息也并非完全有效，这常常导致投资者的预期存在较大差异，致使投资者的行为偏离理性；当他们为牟利而追逐买卖价差时，可能会在股价已十分高的市场中继续购入股票，从而促成股票价格的抬升，导致股市泡沫的产生。因而，凯恩斯说："没有人比你更傻，如果你存在侥幸心理，那么最笨的就是你！"

博傻理论说的是人们之所以完全不管某个东西的真实价值而愿意花高价买它，是因为他们预计会有一个更大的笨蛋会花更高的价格从自己这儿买走。博傻与投机的关系密不可分。博傻理论揭示的就是投机行为背后的动机，投机行为的关键是判断"有没有比自己更大的笨蛋"，在资本市场中，只要自己不是最大的笨蛋，那么自己就一定是赢家，只是赢多赢少的问题。如果再没有一个愿意出更高价格的更大的笨蛋来做你的"下家"，那么你就成了最大的笨蛋。可以这样说，任何一个投机者信奉的无非是"最大的笨蛋理论"。

博傻心理也会导致羊群效应。投资者在购买金融资产时，一方面希望该金融资产价格还会上涨，另一方面期望价格下跌之前传到另一个人手中，也就是说，会有一个更傻的人来接手，从而自己可以获得投机所带来的收益。只要市场参与主体有相同的预期，或者在相反的预期没有形成主流心理之前，"接力棒"行为就是理性的。

羊群效应也叫从众效应，羊群是一种很散乱的组织，平时大家在一起盲目地左冲右撞，但如果一只头羊发现了一片肥沃的绿草地，并在那里吃到了新鲜的青草，后来的羊群就会一哄而上，争抢那里的青草，全然不顾旁边虎视眈眈的狼，或者看不到其他地方更好的青草，这就是羊群效应，也叫羊群心理。羊群效应在股市中的主要表现是：个股看指数，指数看权重，世界看美国，散户看庄家，机构看投行。当某种产品在市场上价格上涨时，大众媒体会重复强调市场上的乐观预期以及基本面的强势表现等各种利好消息，造成大众跟风买入。如果羊群效应被有心人主动利用，则往往会导致大量投资者盲目跟风，陷入风险，甚至会引起市场剧烈震动。纳斯达克股市的网络泡沫就是很好的例证。

所以，只要我们有钱在手，就可以拿它投资，不要害怕风险，在投资时不要有太多顾虑，钱投出去了，就有赚钱的机会。但你要是总在犹豫里徘徊，把钱攥得紧紧的，那你将永远赚不到钱。只有不断地投资，才可能会有更大的"笨蛋"出现。如果你不投资的话，那么发财的机会就永远是别人的，你就是最大的傻瓜了。

金　融

◎ 银行——企业资金来源的重要渠道

银行是通过存款、贷款、汇兑、储蓄等业务，承担信用中介的金融机构。"银"往往代表的就是货币，而"行"则是对大商业机构的称谓。银行是金融机构之一，而且是最主要的金融机构，它主要的业务范围有吸收公众存款、发放贷款以及办理票据贴现等。我国银行主要包括政策性银行和商业性银行。按其职能可划分为中央银行、商业银行、投资银行、储蓄银行和其他专业信用机构。千禧年前后，电子银行、网上银行与互联网银行也有了迅速发展。在我国，中国人民银行是我国的中央银行。

银行不仅是储存货币的地方，它们的作用远比货币仓库更加积极。企业的收入是无法预测的，它可能会从盈利转为亏损，然后又回到盈利，如此循环往复。同时，不管企业盈亏如何，它都必须不停地支付员工的工资、电费及其他为企业运营提供必要物品的人的报酬。当企业在付款期限日没有足够的资金支付这些钱时，就必须有人为企业提供资金。银行正是此类资金的主要来源。银行的贷款一直是企业资金来源的重要渠道。当然，企业必须用以后的利润偿还。银行与企业的关系在本质上是金融资本与产业资本相结合发展的一种关系反映。

商业银行根据偿还性原则和择优发放原则为各类企业提供商业性贷款；政策性银行为特定企业提供政策性贷款，其目的不是为了赢利，而是追求社会整体效益，服务于公共利益。这些银行为企业提供了主要的筹资渠道。

一般来说，企业不会每次都等到现有收入不足以支付当前业务时才去申请贷款。银行会授予企业一定数量的货币信用额度，企业根据需要可以用完全部信用额度，等到盈利后再偿还债务，也就补充了信用额度，这样做能同时节省企业和银行的时间与资金。从理论上来说，每家企业都可以在经济宽裕时储蓄，以度过困难时期，许多企业也正是这样做的。

商业银行持有大型中央基金能够产生规模经济，而单个企业可以根据需要从中取款，维持稳定的现金流，用来支付工人工资和其他报酬。商业银行为此收取一定的利息，但规模经济和风险共担协议让商业银行的成本比它们的客户要低，所以银行及其客户都会因风险被转移到了承担成本更低的地方而在经济上受益。

银行具有规模经济，也是让单个企业达到规模经济的金融机构之一，它使企业降低生产成本，进而降低价格来提高人们的生活水平。在一个复杂的现代经济中，企业可以通过大规模经营降低生产成本，而这样的大规模需要更多的劳动力、机械、电力以及其他资源，即使非常富有的人也无法独自负担。大部分巨型公司并不是由少数人所有，而是从大众手中聚拢资金，就这样，无数人手中的资金通过银行、保险公司等金融中介机构转移给了企业。

◎ 洗钱——金融的黑洞

"洗钱"就是将"脏钱"清洗干净，即将非法获得的资金披上合法的外衣的行为。正如合法的企业一样，对财富的追求也是有组织犯罪的动机，但对犯罪分子而言，他们如何处理积攒的巨额财富则是更大的挑战。隐匿收入，把"赃"钱变成"干净"的钱，再投资，所有这些环节都考验着有组织犯罪集团的智慧。

目前发现的洗钱方式有以下几种：利用地下钱庄跨境洗钱；利用成立私营公司洗钱；利用开设高消费营业场所洗钱；利用进出口贸易洗钱；利用外汇担保贷款洗钱；利用外汇黑市跨境洗钱；利用保险业洗钱；利用成立外资公司洗钱；利用国有企业改制洗钱；利用赌博洗钱；利用异地大额套取现金洗钱；利用民间借贷形式洗钱；利用互联网络洗钱；利用假公司洗钱；利用假身份存款或购买金融票证洗钱；利用私立协议洗钱；利用金融机构转账职能洗钱，等等。2020 年 7 月，广东珠海警方在"飓风 2020"护航金融专项行动中，发现某制衣公司与外贸企业合谋，骗取出口退税达 700 万元人民币，便是利用进出口贸易洗钱的最好例子。

美国前财政部长桑玛士曾说，洗钱是"犯罪者的财源所在"。《洛杉矶时报》1999 年 10 月曾报道，美国每年洗钱金额成长近 10000 亿美元；《金融时报》则估计，伦敦一年洗钱的金额高达 3500 亿美元，而其潜藏的风险更是无人可知。这 3500 亿美元意味着每 10 年流过该城市的非法金钱高达 35000 亿美元，但遭警方破获的黑钱却只有9000 万美元。

打击国际洗钱犯罪最严峻的挑战，便是网络现已成为洗钱的渠道，无视国家疆界，优游于复杂的企业与银行网络中，通过匿名账户在全球畅行无阻。经由全球系统到处游走的金额与速度，使得洗钱以前所未有的速度飞快成长，也让调查当局在追查来源时遇到重重障碍。

银行应要求外贸企业客户重视业务对手的背景调查，并保存沟通记录和书面合同以备银行查核，银行也要注意外贸企业合同方和付款方不一致的情形，按照"谁出口谁收汇、谁进口谁付汇"原则办理货物贸易的外汇收支业务，确保外贸企业遵守不代收也不替他人转账的反洗钱工作原则。

◎ 高利贷——开启企业"死亡模式"

实体企业在遭遇资金困境时，可以说是十分危急的时刻。大多数有关企业老板的经济课程谈的都是地面上的金融银行体系，对地下金融较少谈及。

事实上，真正让企业陷入财务困境的有三大因素，分别是企业联保、银行惜贷以及民间高利贷。一般来说，只是玩银行贷款、互保联保倒闭承担连带责任这些并不可怕，对民营企业来说，有限责任公司法人与银行信贷承担的责任，可以通过公司倒闭变卖公司资产及抵押物给予偿还，能还多少算多少。

很多企业发展需要资本，但银行正规金融信贷门槛高，导致中小企业贷款可获得性低，就只能求助于高利贷。这是高利贷一直存在的原因之一。高利贷是针对企业或者个人发放贷款，以获得高额利息为目的，是社会上一种非官方形式的借款。高利贷本质上是民间借贷的一种表现形式，而高利贷行为本身表现形式是多种多样的，但有一个共同特征就是"高利率"。企业主一旦牵连到地下的民间高利贷，很可能会引来杀身之祸。

在企业与银行的资金信贷之中，高利贷往往承担的是"过桥贷款"的角色，比如，企业有1000万元的银行贷款即将到期，便到民间放高利贷的朋友那里以3分、4分利息借一笔钱用来还给银行，等银行的续贷做下来，再将这笔钱还给高利贷主。这是以往的逻辑，现在，银行不再续贷而是进行抽贷，结果会如何？企业主在找不到资金的情况下，还不了高利贷，就必须承担一年36%、45%左右的利息，这可比互保联保资金成本高出一大截。

所以，民间有言，高利贷就是企业主的收尸者。这是因为一些地方4分利息（即年息48%）并不高，5分、6分的利息已经很常见；如果企业的借款利息达到6分以上，也就是说，如果企业存在人们常说的"刀款",那这家企业也就离死亡不远了。在高利贷纠纷中,最高的利息有高达9分的,高利贷公司通过黑社会来暴力追债,想尽一切办法逼企业老板还债。因此,相对而言,联保互保企业倒了,企业还可以明哲保身,而高利贷还不了,不但企业不保,连企业老板的家庭安危都会搭上了。还不上银行的钱,银行只会出现一笔坏账,银行会通过法律渠道来解决问题;而若还不上高利贷,那玩的就是命了。

其实,因高利贷而造成企业老板走上四处躲债之路,妻离子散、家破人亡的案例比比皆是。因此,一定要量力借贷,如果企业的能力还达不到那个层面,就不要把摊子铺得太大,不管地上金融还是地下金融,一旦踏入,开弓没有回头箭。

◎ 蝴蝶效应——小周期里寻找大收益

蝴蝶效应是美国麻省理工学院气象学家洛伦兹1963年提出来的,其大意为,一只南美洲亚马孙河流域的热带雨林中的蝴蝶,偶尔扇动几下翅膀,两周后可能在美国得克萨斯引起一场龙卷风。其原因在于,蝴蝶翅膀的运动,导致其身边的空气系统发生变化,并引起微弱气流的产生,而微弱气流的产生又会引起它四周空气或其他系统产生相应的变化,由此引起连锁反应,最终导致其他系统的极大变化。1998年亚洲发生的金融危机和美国曾经发生的股市风暴实际上就是经济运作中的蝴蝶效应。

在企业管理中,明智的企业管理者一定要防微杜渐,因为看似一些极细小的事情却有可能造成集体内部的分崩离析。

蝴蝶效应告诉管理者,在日常的管理活动中不能忽视细小的问题,小问题可能会酿成大灾难。所以,企业内部以解决问题为导向,以控制问题、表达问题、归结问题、处理问题为核心的一套管理理论和管理方法是必不可少的。

很多企业出现崩溃乃至重伤的事件，总是触目惊心的，如三株的中毒事件、秦池的勾兑风波、冠生园的陈馅灾难、省巢的奶粉碘超标、光明的过期奶事件等。在这些企业中，有的多年建立的品牌形象彻底破灭，有的甚至落得破产的下场。企业的小事没有做好，一旦危机发生处理不慎，就会全盘皆输，甚至连翻本的机会都没有。

如果把蝴蝶效应延伸到金融市场，投资者都知道，在K线图上所表现出来的各种形态，在不同的周期图上都有所表现。每一个大波段的行情都是从小周期开始的，5分时做出头肩底的形态开始起涨，然后延伸到30分时，60分时，直至日线、周线、月线级别，这就是所谓的金融市场的蝴蝶效应，每一次行情都是从小周期开始，逐步发展到大周期的，所以投资者一定要在小周期做出图形形态之后，就要预想到大周期将会走出什么样的形态，从小分时之处发现形态周期，来获得超额的收益。

投 资

◎ 时间成本——长期投资时不得不衡量的因素

经济学家十分关注时间成本。例如，企业将 1000 万元存入银行，年固定利率为 3%，年度终了，可稳获利息 30 万元。就此而论，1000 万元 1 年的时间成本至少为 30 万元。

经济学家保罗·萨缪尔森说："生产不仅需要劳动和土地，还需要时间。"高速公路上市公司需要另修一条高速公路，立项、规划、报批、设计、建设、测试并交付使用，往往需要 4—5 年的时间。倘若高速公路上市公司采取配股融资的方式新建高速公路，所融资金需要 4—5 年才能产生效益。水电上市公司融资修建一座水电站，从立项到交付使用没有 5 年时间是走不完这一艰难过程的。投资人配股缴款的资金在 5 年时间内不能产生效益，没有效益，上市公司就不可能分红扩股，投资回报就会大打折扣。

可能很多老板还没有意识到时间成本中隐藏的巨额财富。例如，企业开一次会议就要耗费少则几百元、多则上万元的时间成本，而这些都看不见，因此企业很少能做到大幅度缩减其中无意义的部分。由于时间成本是客观存在的，因此，在企业的各项经营活动中，就应充分考虑到货币的时间价值。

试想，假如一家企业一年的利润是 1000 万元，如果老板把自己的主要精力都花在公司如何发展上，可能他第二年的利润就是 2000 万元。若他被公司管理的琐碎的杂事羁绊，经常脱不开身，可能第二年他的利润实际就只有 1100 万元，这样他这一年损失的时间成本就是 900 万元，平均到每一天大约是 25000 元。对这样的企业来说，老板每天的时间成本都是以万元计的。可能因为少给了一个高管工资，就要多花几倍的时间去面试，甚至要多花很多的时间去处理因为高管人员能力不足带来的工作麻烦等。再如，请一家咨询公司只要几万元，就可以节约企业老板大量的时间成本（对大一点的公司来讲，几万元可能只是一两次会议的成本），同时还可以借助外力把外来的时间成本变成自己的财富。这种外来的时间成本和企业老板自己的时间成本往往不是简单相加的关系，而是一种乘积关系，因为外来的咨询公司可以使企业的效益翻倍，并且头脑风暴产生的效益更不是能用时间来衡量的！

◎ 投资安全——投资的第一要义是安全

安全投资的基本经济目的是使其效益最大化。企业理财，有的选择了股票，有的炒起了外汇、玩起了基金。在投资中不断出现的安全问题也显而易见，人们在理性投资的基础上要确保投资安全，就要熟悉风险，掌握安全。

现在成熟的投资者应该首先考虑自己投资的安全性，在安全的基础之上，确保财富不断增长。

价值投资之父格雷厄姆认为，投资安全十分重要，它不仅可以帮助投资者规避不必要的风险损失，还可以帮助投资者获得更高、更多的收益。这是因为，当投资者招致投资损失之后，本金将减少，如果此时股票市场开始转好，并且投资者选中的股票立即进入快速上升期，而投资者因前一段时期的投资亏损，无法获得充足的资金进行此时安全并且利润非常高的投资。从这一方面看来，格雷厄姆郑重地说，注重投资安全的投资者不仅可以在运气差时有效规避风险，拒绝损失，在运气好时还可以增加收益，获得比那些没有安全投资理念的投资者更高的收益率。总而言之，注重投资安全对投资者而言是百利而无一害的。

因而，风险控制对企业投资决策具有深远的意义。

一般来讲，对企业投资风险控制主要从以下几个方面考虑：

（1）要分析企业投资安全界限。即假定投资回报率高于资金成本或平均收益水平，判断企业投资是否安全，主要通过比较投资收益与风险程度。在风险为零的情况下，若投资收益≥机会成本，则该投资项目是可取的，正常情况下，是安全可靠的。在存在风险的情况下，若投资收益≥机会成本＋可预见风险＋不可预见风险，则该投资项目也是可取的，只要对企业风险采取有效的防范措施和风险转移措施，达到可靠的安全程度是有把握的。

（2）结合对企业投资项目进行全过程管理，对企业投资风险进行全过程控制。只要能及时预见风险，就可以采取必要的防范措施，把损失控制在最小范围。

（3）对有风险的投资项目，事先应研究风险转移措施和补救措施。如企业原定生产出口产品，但考虑到国际市场行情变化，事先在国内进行产品广告宣传，或者在产品的设计和性能上及时改进以满足本国消费者的需求，一旦出口锐减，则可以马上转为内销。

◎ 分散投资——鸡蛋不能放在同一个篮子里

分散投资是投资原则中最具有代表性的一条，投资一定是有风险的，财富也没有那么听话，分散投资就是一种化解投资风险的好方法。

想要降低风险，最好的选择就是将你的钱财分散开来。

有生活经验的人都知道，保存鸡蛋的最好方法，就是不要把所有的鸡蛋都装在同一个篮子里。

道理很简单，如果你将所有的鸡蛋放在一个篮子里，一旦你摔跤或是篮子被别人撞翻打翻，所有的鸡蛋都会破碎；而将鸡蛋分放在几个篮子里时，即使其中一个篮子里的鸡蛋遭受损失，也不会对你造成太大的影响。这句格言其实就是对投资组合最通俗也是最经典的描述。同样，一家人不要乘同一架飞机，钱要分开存放等，实际上都是指集中的风险度总是大于分散的。

分散投资也是如此。对企业来说，亏损概率的降低比盈利概率的降低对企业更重要，分散投资比集中投资好。将资金分散地投入不同的行业、企业、市场等，银行存款也好，债券也罢，股票也行，基金也好……讲究投资的组合化，总之，让自己的财富放在几个箱子里，这样才会增强抵御风险的能力，避免全军覆没的损失。一家企业通常也不应该只生产一种产品，国际上的大企业通常经营多种完全不同的业务，这就是分散投资的道理。

但是，分散投资要避免过犹不及和矫枉过正。放置鸡蛋的篮子如果太多了，反而是麻烦事，既牵扯你的大量精力，也会在实操过程中遭遇追踪困难、分析不到位等客观障碍。因此，专家建议一般只选择两三个篮子就可以了。既能分散风险，你自己又相对易于掌控。比如"股神"巴菲特就是喜欢把长期的投资组合集中在特定的几只股票上。

投资的基本原则有三点：安全第一，流动第二，获利第三。忽略安全因素，不要说是获利，可能马上就会面临惨赔。任何投资都应该先控制风险，再追求报酬。散户投资者有舍才有得，毕竟人的精力和时间有限，一鸟在手胜过百鸟在林，了解并呵护好手中的鸡蛋，才能更好地控制出手时机，把控风险。

融 资

◎ MM 定理——公司缺钱，该向银行借钱还是发行股票

对企业来说，融资的重要性不言而喻。企业没钱时怎么办，是该向银行借钱还是该发行股票呢？

要解决这个问题，我们就要了解经济学上的一个理论——MM定理。MM 定理也被称为无关性定理。它是由美国经济学家莫迪利安尼（Modigliani）和米勒（Miller）创建的。二人深入考察了企业资本与企业市场价值的关系，提出在完善的市场中，企业的资本结构与企业的市场价值是无关的。或者说，企业选择怎样的融资方式都不会影响企业的市场价值。

MM 定理从理论上对企业的价值、融资成本、资本结构、现金流量、风险等这些重要的财务概念做了非常系统的分析。比如，甲、乙两家企业，其业务和产品完全相同，但在融资时选择了完全不同的融资方式，甲选择发行股票，乙选择发行债券，那么，这两家企业中谁的价格应该更高呢？用 MM 定理可以找到我们所要的答案。

首先，假设企业没有税收和信息不对称的问题，企业的价格应该等于企业未来价值的贴现值。因为两家企业业务相同，产品相同，现金流也是一样的，所以两家企业的估计应该完全相同。一旦两家企业的估值出现价格差，就一定会有人进行无风险套利，卖出价格高的，买入价格低的，直到这两家企业的价格完全相等。这就是MM 定理的第一个推论，即一家企业的市场价值取决于它未来创造

的价值。所以，无论企业是发行股票还是债券，其实对企业的价值是没有影响的。这就像一块比萨，把它切成四块还是六块，对比萨的大小，也就是企业的估计是没有影响的。

其次，引入税法的概念。发行股票是没有利息的，而发行债券或从银行贷款是有利息的，而且所有的利息都可以抵税，称为税盾。利息所抵扣的金额会增加企业的价值，所以通过发行债券融资的乙公司，其估值应该高于甲公司。因而，税负越高的地方，越应选择债券融资，因为这样会提高企业的价值。这就是MM定理的第二个推论，即在存在税收的情况下，企业的价值随着债务融资的比例的上升而上升。增加的那部分价值，理论上等于利息乘以企业的税率。

最后，在此基础上，引入破产的概念。企业的债务过重会引发很多问题，一方面银行不会向债务过重的企业发放贷款；另一方面，如果企业无法支付利息，那么这家企业就会面临破产。破产风险越高的企业，越不值钱。所以MM定理的第三个推论是，当债务过高，存在破产风险时，一家企业的价值会随着债务比例的上升而下降，而下降的价值等于企业的总价值乘以破产风险。

这就是MM定理的三个推论，看似非常简单，但是用一个简单的框架就解释了几乎可能出现的现象，解答了企业融资时该如何选择的问题。

◉ 风口——抓住红利期的创业方向

"站在风口上，猪都会飞起来。"这句很多人熟知的话，出自小米科技的创始人雷军。在小米手机卖得红红火火后，雷军突然有了如此感悟。

40岁前，雷军是IT行业里最勤奋努力的人，然而他带领的金山公司虽然也取得了成功，市值却远远落在了其他互联网公司的后头。

金山公司奋斗了很多年才上市成功，靠的也正是站对了风口——开拓了游戏业务，这才得以上市。

对创业能否取得成功，雷军最大的体会是：要靠命。可命是什么呢？雷军说："所谓命，就是在合适的时间做合适的事。创业者需要花大量时间去思考，如何找到能够让猪飞起来的台风口，只要在台风口，稍微长一对小的翅膀，就能飞得更高。我发现只要一认命、一顺势，就能风生水起。原来不认命的时候老干逆天而为的事情，那叫'轴'。"

站对风口，就是在正确的时间做最顺应趋势的事。用雷军的话来理解就是："第一，创业者想要取得巨大的成功、获取巨大的财富，就一定要选对一个最肥的市场；第二，要看这个市场未来五年到十年的趋势，所以创业者的眼光就显得很重要。"

未来的行业在哪里？未来的对手在哪里？借力风口，猪都会飞起来。作为创业者，不得不思考，风口在哪里？看准趋势好赚钱，下一个趋势又是什么呢？不管是准备创业，还是已经创业，我们都需要对未来有把握和预判，这样才不至于被时代淘汰，也能及时抓住一些机遇去创业赚钱。例如，新冠肺炎疫情初期，口罩供应少，需求大幅上升，可以说，这时口罩处于红利期。所谓红利期，简单地说就是短时期内的供需失衡。不管是疫情时的口罩，还是电动车管制时的头盔，如果短期里出现了供需失衡，供应者少了，需求者多了，卖的少，买的多，我们就可以说它处于红利期。企业如果能敏锐地发现红利期的商品，捕捉到机遇，成功的概率就大得多。而当红利期的供需失衡达到一个极限，在这个点上供不应求的程度最高的时候，这个点就可以被称之为风口。因此，最关键的就是要找到红利期的产品。

很多企业感叹，自己没有抓住红利期，为什么抓不住呢？因为红利期是给有准备的人的。互联网的红利期每隔几年就会出现一个风口，从微博、微商、公众号，到自媒体、电商、短视频、直播带货等，都是风口。抓住红利期需要嗅觉。嗅觉需要后天不断练习，需要专心提升自己的技能，当你的能力达到了，风口也会主动找到你。

第十章
老板要懂得消费经济学和营销经济学

消　费

◎ 折扣效应——商品总打折，是赚还是亏

折扣，可以说是现代商业中的伟大发明，通过按原价给予买方一定比例的退让，即在价格上给予适当的优惠，从而诱使消费者再次消费。尽管消费者明白"天下没有免费的午餐"，但他们依然对各类打折商品趋之若鹜，这就是消费行为学中的"折扣效应"。

一般来说，我们认为为追求打折而买一大堆自己不需要的商品的行为是一种感性消费，但其实，"折扣效应"恰恰利用了消费者作为"理性的经济人"的特点，即追求自己的利益最大化。

只是，商家也是"理性的经济人"，同样追求利益最大化，为什么他们也愿意把折扣作为营销利器来使用呢？

事实上，折扣的价值本身对消费者或者商家并没有任何倾向性，双方都只是在追求自身利益最大化的过程中利用折扣进行博弈——谁能将折扣的价值发挥到最大，谁就在博弈中胜出。单纯的打折优惠隐含的博弈逻辑很简单：将潜在的未来消费提前。

在商场中，"买一送一""买五送二"等广告也无处不见。很多商场都将一周年、三周年、八周年店庆作为"答谢新老客户的关爱"的最佳时机。"全场商品一律 6 折""满 200 送 80"的口号也喊得很响。老板还在一个劲地摇头叹气，一副"失血过多"的样子。总是网购的人也会发现，很多电商网站经常推出特价商品，价格超低，还包邮！价格这么低，商家还怎么赚钱呢？

俗话说，买的不如卖的精。没人会做亏本的买卖。没有哪家企业或商家能经得起整天整月地"放血"。这样做的目的很明显，就是借打折的目的，招揽顾客，从而获得利益。以沃尔玛为例，我们来看商家打折的秘密。

当然，沃尔玛不可能真的做亏本的买卖。沃尔玛成功的秘密在于，消费者毕竟不是带着计算器与统计表的市场调研专业人士，他们不可能对于超市内每样商品的每日价格都了如指掌，而承诺着天天平价的沃尔玛，可没有宣称"样样商品天天平价"。

我们不难发现，沃尔玛的商品总是轮番打折，今天食品大促销，明天生活用品搞活动。事实上，它的所谓天天平价主是针对那些顾客比较熟悉的商品、价格感知比较敏感的食品、日常消费品等，在顾客心中树立平价形象，以部分商品的低价招徕更多顾客，从而进一步推动正价商品的消费。长此以往，沃尔玛天天平价的品牌早已深入人心，消费者并不会真的对去每家商场对比价格，而是放心地走入沃尔玛，购买他们认为"平价"的商品。沃尔玛当然不是不求利润的慈善家，和我们每一家店铺一样，盈利也是这家店存在的最大意义。这家享誉全世界的零售巨鳄，天天平价或许让自己的买卖"亏"了一时，然而，所带来的品牌效果的影响却是长期的。如何能够在既讨好消费者的同时，又保证自己赚得一分不少，这是每一个老板需要长期思考的问题。

◎ 狄德罗效应——顾客为什么老是忍不住买买买

小美把手机递给老公，让老公看手机里的购物网站：你看，这杯子怎么样？

老公："太喜欢了，买了！"

小美："我想买双鞋，再捎一件外套，这个也不错。可是我钱不够了。"

为啥一旦开始"剁手"就停不住了呢？手都没了还想"剁手"？这跟经济学上的狄德罗经济效应有关系。

18 世纪，法国有一位哲学家叫狄德罗，有一天，他一位好朋友送给他了一件精致的睡袍，他穿上睡袍之后，发现家里其他的物件都不配套了，于是就把全家的其他物件都升级换代。后来他把这件事写成了一篇文章。

200 年后，美国有一位经济学家叫施罗尔，他第一次提出了狄德罗效应，又称其为配套效应。说的就是人们买了一件新的物品之后，又会搭配其他物品，以达到心理上的平衡。比如，在生活当中，人们经常买了裤子之后，还要搭配一双鞋子，买了沙发之后觉得整个客厅都需要升级换代了。许多人买了新房子后，会花费心思花大价钱去装修，然后为了搭配，又花大价钱买相应的家具，然后是服饰、电器等。这就是配套心理，人们常常会在欲望的支配下，买一件心仪的物品，然后会在得到某件物品后不断地渴望拥有与之相配的物品。

人们很容易掉进狄德罗效应的陷阱之中。当一个人拥有了一件令自己心仪的物品后，就会审视周围的其他物品，便会觉得身边其他物品与所心仪的新物品是那么不搭配、不和谐，为了寻求和谐与搭配，这个人会不由自主地开始不断购买与之搭配的物品，从而出现冲动的消费行为，甚至还会变得疯狂起来。

一个男士去买鱼钩，计划周末去钓鱼。销售员先卖给他一个小号的鱼钩，然后是中号的鱼钩，最后是大号的鱼钩。接着，销售员又卖给他小号的鱼线、中号的鱼线，最后是大号的鱼线。销售员问他去哪里钓鱼，他说到海边。销售员建议他买条船，所以又卖给他一艘 7 米多长、有两个发动机的纵帆船。他说他的汽车可能拖不动这么大的船。于是销售员带他去汽车销售区，卖给他一辆新款豪华型奔驰车。客户刚刚进商店仅仅是为了买鱼钩，最后竟然买了帆船甚至汽车。这就是应用配套效应的典型例子。

单纯从刺激消费的角度而言，狄德罗效应对启动市场的确功不可没。很多商家也会利用狄德罗效应来布置商场。例如，在卖电饭煲的旁边，一定会有一家卖电磁炉的，卖鞋的和卖包的通常会在同一层。再如，在电商网站购物时，你买了一双运动鞋之后，发现网站会自动给你推送运动袜或运动裤，这些都是狄德罗效应的体现。

◎ 鸟笼效应——不必购买的东西尽量别买

经济学上还有一个与狄德罗效应相类似的理论，那就是鸟笼效应，也叫鸟笼逻辑。鸟笼效应是由美国心理学家詹姆士最先提出的。

有一天，詹姆士与物理学家卡尔森打赌，说他一定能让卡尔森在不久后养一只鸟，卡尔森认为不可能，因为他从没想过要养一只鸟。几天后，詹姆士在卡尔森过生日时送给他一份礼物，是一个很精致华丽的鸟笼，卡尔森将它作为工艺收藏放在书桌边。之后的事远超卡尔森的预料，只要有客人来，客人都会问，是不是卡尔森养的鸟死了？卡尔森每次都要重复不断地解释，可客人总是带着怀疑的表情，后来卡尔森在无奈的情况下，又不想扔了笼子，只好买了一只鸟。

事实上，很多时候，每个人都会先在自己的内心深处挂上一个笼子，然后身不由己地向其中填塞东西。

类似鸟笼效应有非常多的例子。例如，一个人收到的礼物是热带鱼缸，为了让鱼缸有用，便开始养鱼，买鱼食，添置加温、加氧物品，牵出一连串的客户需求。

在销售中，鸟笼效应可以说明很多问题。要想让别人买只鸟，最好的办法给他一个鸟笼，因为人们在绝大多数的时候会采取惯性思维，而一个小小的"鸟笼"会变成驱动力。

对企业战略而言，鸟笼效应说明，企业的战略应该和能力相匹配，企业有什么样的能力、什么样的资源，就应该采取什么样的战略。如某咨询公司为企业进行组织设计时，在诊断中发现企业设有总裁、执行总裁、常务副总裁，而其中的执行总裁基本上是一个"空着的鸟笼"，只是由于历史原因一直保留着该位置，却长期空置，并吸引了众多人的关注。在咨询建议方案中，咨询师扔掉了不少类似的"空鸟笼"，使企业的组织结构既做到了精简，又提高了效率。

销　售

◎ 价值悖论——奢侈品越贵越好卖

在某百货大楼，一件裘皮大衣标价 4000 元，摆了一年多，无人问津，而另一件标价 35000 元的裘皮大衣，却卖出了十几件。

现实生活中我们经常可以观察到这种现象：越贵的东西反倒越有人买。为什么有时候商品标价越高，购买的人越多？

美国著名经济学家凡勃伦探讨研究了"价格越高越好卖"的问题，因此这一现象被称为凡勃伦效应。凡勃伦把商品分为两类：一类是非炫耀性商品，一类是炫耀性商品。

在购物时，看到同一类产品，我们一般会选择相对昂贵的，因为从内心来讲，我们比较认可昂贵事物的质量和价值，即在多数情况下，我们会认为贵的就是好的。所以，同样的东西，反而是越贵越好卖。

非炫耀性商品仅仅发挥了其物质效用，满足了人们的物质需求。而炫耀性商品不仅具有物质效用，而且能给消费者带来虚荣效用，使消费者能够通过拥有该商品而获得受人尊敬、让人羡慕的满足感。鉴于此，消费者都会不遗余力、毫不犹豫地购买那些能够引起别人尊敬和羡慕的昂贵的商品。

就是这个原因，造就了炫耀性消费——价格越贵，人们越疯狂购买；价格便宜，反倒销售不出去。在服装店里，标价太低的商品可能会挂很久，但若在价签上的数字后面加个零，或许眨眼就能卖掉。

凡勃伦效应表明，商品价格定得越高，就越能受到消费者的青睐。这是一种很正常的经济现象，因为随着社会经济的发展，人们的消费会随着收入的增加而逐步由追求数量和质量过渡到追求品位和格调。既然如此，经营者完全可以瞄准这个消费心态，不遗余力地推动高档消费品和奢侈品市场的发展，以使自己从中谋利。

◉ 价格混淆——藏在"双十一""双十二"抢购中的经济规则

消费者的眼睛是雪亮的，千万不要低估消费者对商品的评断能力或感受程度。

每年的"618""双十一""双十二"都是商家"放血""跳楼"的日子。在一波波买买买的抢购潮中，备受网民吐槽的除了蜗牛速度的快递，还有复杂得让人眩晕的优惠规则，折扣、津贴、红包、满减、返券……藏在这些优惠里的经济规则你都懂吗？

有传言说，商家为制定最优惠的组合方案，甚至采用了微积分知识运算。为什么"双十一"这些日子的优惠活动变得这么复杂？其实，经济学把这种策略叫作"价格混淆"。在激烈竞争的市场中，商家利用复杂的价格计算规则增加了消费者比价的困难，并造成了一种价格优惠的假象，从而获得更多的利润或增加自己的销量。

其实，生活中无处不需要经济学。《认识经济》一书就通过案例分析的方式，利用经济学解释了我们现实中所做的决策的逻辑。该书作者认为，任何经济行为中都涉及欲望与限制、权衡与取舍、激励以及效率问题。这些问题可以解释上面这些"节日"中的优惠越来越复杂的问题。

首先说一说卖家的欲望和限制。卖家都想获得更多的利润，但是市场竞争非常激烈，卖家需要考虑竞争对手的定价和商品，尤其是在电商环境中，更有利于投资者对比价格，获取同类商品的信息。

欲望和限制反映了稀缺性问题，如果商家的产品具有唯一性，商家就可以给出更高的定价，这在经济学上属于商品的稀缺性溢价。但现实中往往存在很多同类产品或替代品。因此，卖家更倾向于用让利来换取更多的销量，这就是"双十一"等活动中商家推出最优惠的价格的原因。

其次谈一下权衡与取舍。考虑到上面的各种因素，卖家应在单位利润和销量之间进行权衡和取舍，以实现总体利润最大化的欲望。进行适当的降价或优惠，换取更多的销量而提升总体利润，往往是商家会选择的办法。尤其在"618""双十一"这样的大型购物节中，商家常会刺激销售者购买较需求更多的商品。

因此，企业参加"双十一"促销、优惠活动显然是明智的选择，但制定怎样的优惠措施是又一个需要商家权衡的问题，它涉及商品的需求价格弹性。比如，消费者可能不会因为商家给了10元优惠券就去冲动购买一件4888元的大衣。但是如果购买两双20块的袜子就可以减免10元现金，或许很多原本只想买一双袜子的人就会再买一双。因此，商品价格弹性与商品的需要程度、替代品的可获得性和相对于收入水平的花费等因素有关。

再次谈一下激励，也就是消费者对优惠的定价产生的反应。例如，除了"双十一"跨店减免的购物津贴，很多卖家还会提供店铺优惠券、购买多件商品折上折的优惠活动。这种额外的激励能够刺激参与优惠的商品销量。比如，那些单品利润可能较高的商品，往往看似有更多的优惠，而有些消费者为了享受更多的优惠，甚至会买一些自己并不需要的商品。

同样，有正向的激励就有负向的激励，有些消费者会发现那些款式更新颖、功能更多、性价比更高的商品却很少有优惠，这是因为这类商品往往不需要再去降价来刺激需求，商家更倾向于保留它们的单品利润。而那些退而求其次的商品则会有很多的优惠，从而刺激消费者购买。

最后我们谈一下效率。人们总是会以最有效可行的方式使用资源或者创造最大价值。因而，有潜在需求的消费者会选择优惠更多的"双十一"进行集中消费，在比较后选择价格最优、质量最好的商品。

商家则更倾向于用最小的成本获得最大的利润。"618""双十一"等大型购物活动中的优惠规则的制定，就像一场博弈，商家在制定优惠规则时，就会考虑商品的需求弹性、竞争者和替代品可能给出的优惠。然而，在"双十一"这种集中的促销季中，商家和消费者往往都会陷入某种"囚徒困境"。

比如，对所有销售同一商品的卖家来说，进行价格"合谋"是最有效率的策略，能够获得最高利润的均衡。这种损害社会利益的情况往往会被监管者阻止，同时竞相降价也会导致利润的损失。

在这种囚徒的困境中，商家最优的方案，通常是保持最低利润率的均衡。因此，如果"双十一"促销时顾客真的买到了自己需要的商品，那对消费者无疑是最有利的。不过，现实中的市场参与者往往更多，互相的牵制因素也更为复杂。

❀ 销售就是讲故事——故事能打动人心

我们每个人都是听着故事长大的。而且，每个人都想把自己的想法植入别人的脑袋，怎样才能做到这一点呢？无疑，讲故事是说服他人最好的办法。毕竟，爱听故事是人的天性。有句话叫作"好事不出门，坏事传千里"，不好的事情总是像病毒一样迅速传播。

在销售高手的领域里，流传着这样一个不成文的规定：不会说故事的销售员不是好的销售员。销售高手与普通销售人员之间的一个显著差异是讲故事能力的差异，顶尖销售高手通常都是讲故事的高手。可见，讲走心的故事是实战销售技巧的第一要务。

无论是在职场还是在生活中，我们讲故事都是为了实现说服别人的目的。如果要将你的想法塞进别人的脑袋，你必须要会讲故事！柏拉图说过，谁会讲故事谁就拥有世界。而会讲故事，在未来会成为你最大的竞争力！

要想讲好故事，我们首先要考虑的就是故事能否引起对方的共鸣，对方最终受我们影响而做出决定。如果文不对题，即使你的故事再精彩，也很难达到预期效果。因此，只有在确定了讲故事的目的以后，才能知道如何讲好故事。

随着互联网的发展，构建故事这一营销手段迎来了新高潮。当今社会，一个品牌若不会讲故事，就很难获得市场。如果你的品牌故事缺乏吸引眼球的闪光点，那几乎没有广告公司愿意帮你做广告营销。

讲故事时，一定要把故事讲到客户心里去，在讲故事的过程中穿插抛出我们的问题，让客户认为我们提出的问题合情合理，然后在不知不觉中给出真实的答案。通过故事性的沟通，你会发现，获取关键信息会容易很多。

不仅在营销中需要讲故事，在管理中也需要讲故事。优秀的老板往往都是讲故事的高手。故事作为管理工具，可用来开导员工、描绘愿景、激发士气。讲故事已成为传播企业文化的新载体。讲故事是最受欢迎的沟通技巧，也是最有效的说服人心的方法，其优势是其他说服手段无法取代的。用好故事，话不用多，就能达成立即说服力。因此，在管理工作中，讲故事发挥着重大而特殊的作用！

讲故事的最终目的，是把"故事力"转化为"生产力"，用故事去实现企业价值的增加。故事只有转化为企业价值，才能发挥其真正的作用。因此，作为领导者，必须有讲故事的能力，才能赢得下属的信赖和支持，才能让自己的经验和智慧被下属真正理解、真心接受并融入血液，才能带领企业走上正确有效的发展之路。

◎ 稀缺效应——惯用饥饿营销的小米手机

从营销学的角度来说，稀缺可以创造价值，可以让产品产生巨大的溢价。就如司空见惯的一瓶水在沙漠中就能价值连城一样，稀缺性能给消费者带来心理的满足，让消费者疯狂起来，让消费者产生"饥饿感"，并在疯狂和"饥饿"感中建立满足感，在满足感中形成品牌的口碑传播。

在稀缺效应下，衍生的"饥饿营销"行为也是开展价值营销的重要手段之一。在这一点上，很多传统企业没有把握其真谛，它们每年制造若干产品，但是很多产品并无太大的亮点。而小米公司学习了苹果公司的做法，它们每年只做一款产品，并将客户体验做到极致。这种策略实际上也是一种单品带来的聚光灯效应，小米将这点发挥到最大化。适当而巧妙地进行稀缺营销，在产品供大于求的今天，是引爆关注度的绝佳手段之一。

那么，小米是如何实现稀缺营销的呢？总结下来有以下几种方法：

其一，定时。小米在每次发布一款新手机的时候，规定在一定的时间段开售，售完为止，抢到者欢天喜地，抢不到者垂头丧气。然而在这一抢购中却带给了小米足够的市场知名度和期待度。

其二，定量。小米制造了限量版、珍藏版、纪念版的概念，消费者听到这几个词就知道数量有限、机会难得，不买就错过了这次机会。通过这一过程，小米手机的销量也在疯狂地增长。

其三，定人。购买小米手机，消费者需要领到"F码"才有购买的资格，而小米将"F码"限量发送到各大渠道的版主、博主手里。小米用此手段规定了获得通行证的人数，造成疯抢"F码"和竞价拍卖"F码"的局面，从而实现了"饥饿营销"。

小米的饥饿营销很成功，但作为想要学习小米的企业，老板在决定运用饥饿营销时，需要考虑自己的产品是否满足以下三个条件：

（1）款式新、质量好、符合流行趋势。这是运用饥饿营销的一个重要条件。如果是老产品，采取"饥饿"就不能取得预期效果。因为它已经"饿"过劲儿了，再饿就已经失去了价值，而新产品的特点在市场上还是空白，属于产品周期的初级阶段，易于刺激消费者。当然，产品质量也很关键。如果发生质量问题，很快就会引起市场不满，影响销售。

（2）饥饿营销需要把握时机。饥饿营销需要认真调查，精心测算市场对该款式产品的可容量，以求预测准确，否则这一策略就会失灵，达不到"饥饿"反弹的效果。就如同稍微推迟吃饭的时间可以增加饭量，但饿过了点反而没有了食欲一样。在产品达到饱和之前，实施限销，是形成饥饿的直接手段。从限销到畅销，再到顺销，一定要把握好市场时机。

（3）要实施有效的限销策略。饥饿营销表面上是靠限产限量，而实质上是为了刺激更大的消费群体而多产多销。

情感营销

◎ 情感营销——打好情感牌，叩开顾客心扉

现在已经进入情感营销的时代，俗话说"情最动人"，情感营销代表着经济学中的一种营销观念。企业要和消费者对等、对话、沟通和协作，要把每个消费者作为媒介的载体。打好了情感营销这张"牌"，对提升企业综合实力、拉升品牌口碑都非常有帮助。

2013年，《爸爸去哪儿（第一季）》红遍大江南北。这档由999感冒灵和小儿感冒药冠名播出的大型明星亲子秀节目，吸引了众多不同年龄层的"粉丝"。在这个许多药品大谈功效的时代，冠名商三九医药洞察到消费者深层的情感诉求，以情感营销打动消费者，最终实现品牌和节目的双赢。

情感营销主要是从消费者的情感需要出发，唤起和激起消费者的情感需求，诱导消费者心灵上的共鸣，寓情感于营销之中，让有情的营销赢得无情的竞争。它把消费者个人情感差异和需求作为企业品牌营销战略的情感营销核心，通过借助情感包装、情感促销、情感广告、情感口碑、情感设计等策略来实现企业的经营目标。

情感营销要求企业不仅要重视买卖关系的建立，还应加强买卖双方的情感交流。这对企业树立良好形象、提高品牌忠诚度、实现长远战略目标至关重要。在竞争异常激烈的市场，如何打好情感营销牌，无疑成为销售企业提升知名度的关键。

可以说，运用情感营销，消费者与企业的关系将不再仅仅是一

种简单的买和卖的关系。情感营销要求企业必须站在消费者的立场来考虑问题，必须比以往任何时候更加关注消费者需求，以便向消费者提供他们真正需要的产品或服务。

打好情感营销牌，要求企业老板转变思想，以情感需求为中心，在产品中植入情感元素，加大对品牌情感营销战略规划力度，并在具体执行中落实贯彻，树立品牌在顾客心中的良好形象。企业老板只有把消费者看作朋友，在适当增加营销成本的基础上最大限度地提升消费者的让渡价值，才能使得消费者的满意度与忠诚度得到提升，最终赢得消费者的再次购买，从而有效地避免了消费者被竞争对手挖走的顾虑。要将情感营销的理念融入每位员工的思想意识，并制定一套完整的规章制度，以员工个人形象和服务质量为切入点，让员工细心耐心热心服务每位客户，以提升品牌的竞争力。

◎ 情感服务——人情味迎来回头客

调查发现，老客户和新客户相比，可为企业带来25%—85%的利润，老客户之所以再来，主要关注三点，首先是服务质量，其次是产品本身，最后才是价格。在家电业，电器商们向社会推出"超值服务工程"，人人讲奉献，个个比超值，服务工作搞得有声有色。

正所谓"以情动人"，"情"最能开启人的心扉，真正唤起别人的共鸣和认同。在现实世界里，聪明的人往往善于打"情感"牌，尤其在弱势的时候，这样更容易被他人认可、得到帮助。"情感服务"是在为顾客提供服务的过程中，把顾客个人的情感需求当成与产品同等重要的事情来考虑。在经营过程中，不仅把顾客当成客户，更将他们当成朋友一样用心呵护，努力为其提供超越情感期望值的服务。

在企业营销中，情感服务非常盛行。美国一家著名的餐饮企业就提出了让顾客101%满意的口号。让顾客100%满意人们都能理解，那么多余的 1% 究竟是什么呢？就是情感服务。例如，刮风时，为顾客准备一个口罩，让他们免受灰尘的侵扰；下大雨时，为顾客准备雨伞，以方便他们出行……

企业通过情感包装、情感促销、情感广告、情感口碑、情感设计等策略来实现企业的经营目标，使"情"的投射穿过消费者的情感障碍，让消费者受到强烈感染或冲击，从而激发消费者潜在的朦胧的购买意识。例如，孔府家酒先后以巩俐的"孔府家酒，叫我想家"、刘欢的"千万里，千万里，我一定要回到，我的家"打响全国，贵州青酒厂也请香港明星刘青云以一句"喝杯青酒，交个朋友"为情感广告的全部诉求点，颇受消费者的青睐。那么，想得到别人的认可或帮助，尤其在自己弱势时，不妨使用眼泪等"情饰"的策略，往往会赢得很多人的关心，从而赢得更多人脉。

企业可以在情感上打好感情牌打动消费者，也能留住老顾客，使其死心塌地成为你的固定客户。"人非草木，孰能无情。"情感是人类共同行为的重要基因，很大程度上影响着人类的思想行为，同样是服务，倾注了情感的服务，一定是真诚、贴心、到位的服务，也一定是让顾客满意的服务。从本质上讲，顾客满意度反映的是顾客的心理状态，在顾客对某种产品或服务消费产生的感受与自己的期望进行对比后，就会产生一种心理评价。

商家应该经营人情，舍得在感情上投资。这是人性化的体现，是当今时代最高明、最正确、最温馨的用户思维。世界上任何东西都能复制，唯独感情不能复制。为顾客这样做，就是感情投资。诚信服务赢感情，进而赢商机，是商战制胜的规律之一。

❂ 替代效应——为什么喝水要钱，花生却免费

你有没有想过这样的问题：为什么酒吧对喝水的客人要收好几

元钱，却提供免费的咸花生，供客人随意索要。

要知道，咸花生的生产成本肯定比水高，酒吧这样做，到底是怎么一回事呢？理解酒吧的这种做法的关键，就要先明白水和咸花生对这些酒吧的核心产品——酒精饮料——的需求量会造成什么样的影响。

花生是咸的，吃得越多，就越渴，就越想喝水、酒或其他饮料，酒吧的收入就越多。如果顾客喝的水多，需要的酒自然就少了，酒吧的收入就少了。因为水和酒之间的消费是替代关系，而多吃咸花生却可以促进酒水消费。

咸花生和酒是互补的关系，顾客吃咸花生越多，要点的啤酒或白酒也就越多。既然咸花生相对便宜，而每一种酒精饮料又都能带来相对可观的利润，那么，免费供应咸花生就能提高酒吧的利润。

从这个问题中，我们可以了解到互补品与替代品的关系。这类例子在生活中比比皆是。此如，胶卷与相机为互补品。所谓替代品，指的是对两种物品来说，如果一种物品价格的上升引起另一种物品需求的增加，则这两种物品被称为替代品。比如，我们乘公交车出行，就不用买私家轿车了，公交车和私家车便是互为替代品。洗衣粉和肥皂也互为替代品。

互补品指两种商品必须互相配合，才能共同满足消费者的同一种需要，如照相机和胶卷（当然不是我们现在经常用的数码相机），胶卷的需求量与照相机的价格有着密切关系，一般而言，照相机价格上升，胶卷的需求量下降，两者呈现反方向变化。还有，有些人喝咖啡一定要有咖啡伴侣，所以对他们来说，咖啡和咖啡伴侣便是互补品。一般来说，如果 X 和 Y 是互补品，X 的需求量就与 Y 的价格成反向变化。

当考虑被推荐产品的类型时，互补品和替代品之间有显著的需求交叉价格弹性关系。具体来说，降低某一个产品的价格或对其实行促销策略，会刺激其互补商品的销量，同时也会抑制其替代商品的销量。也就是说，当某个产品的价格上升时，与其互为互补关系的商品的购买可能性会下降；而互为替代关系的商品购买可能性则会上升，因为消费者会转而选择其他性价比较高的替代品。进一步来说，通过调整产品价格影响互补品和替代品的需求后，消费者对该产品的支付意愿也会被影响。根据以上分析表明，当两个产品之间竞争性较大时（即替代品），价格对支付意愿的主效应会更加显著，而当产品互为互补关系时，价格对支付意愿有负相关作用。

互补品和替代品告诉我们，对企业来说，在不成熟的市场中，对产品信息了解不多的消费者占绝大多数时，企业容易通过广告宣传等方式强化消费者对互补产品联系的主观感知，从而确立互补产品之间的战略重要性。而在成熟市场中，有充分信息的消费者占多数，互补产品之间的联系较难建立。这时，就应当以独立品的形式来看待它们。

网红经济

◎ 粉丝效应——如何把网民的关注变成客流量

说到粉丝效应，大家肯定都不陌生，自媒体的传播靠的是粉丝，而明星的人气靠的同样也是粉丝。相对于自媒体的粉丝，明星的粉丝往往更为"疯狂"。网络传播一个明显的特征就是粉丝效应。不仅娱乐明星有粉丝，媒体的追随者也成为粉丝，各种社会化媒体的参与者都以粉丝的面目呈现。

网络传播的逻辑完全不同于传统媒体传播的逻辑。在这个新的市场中，意见领袖变得更为重要，因为他们犹如明星般的吸引力能带来更多的粉丝，而粉丝的数量决定媒体的影响力，在传播过程中扮演着重要的角色。

无数的实践和案例告诉我们，在今天，粉丝效应越来越重要。许多市场表现优异的产品之所以优异就是因为它们拥有狂热的粉丝。

任何粉丝效应都是从一个个小的族群，甚至是一个个小的个体开始的。粉丝效应与蝴蝶效应虽然在概念上完全不同，却在应用上有着异曲同工之妙。《连线》杂志主编凯文·凯利就曾提出"1000个铁杆粉丝效应"的论断，他认为，对创作者而言，只需拥有1000名铁杆粉丝便能糊口，粉丝经济再次展现其强大魅力。

有效利用粉丝效应，更易完成转化。以美容行业为例，借助明星效应能迅速提升产品知名度，利用粉丝效应建立品牌好感，从而带动产品销售。

粉丝经济就是一种利用粉丝效应，建立粉丝及被关注者之间的关系，从而创造一种以口碑营销的形式，把网民的关注变为客流量，最终获取经济利益和社会效益的商业运作模式。粉丝经济也是内容走向付费的内在原因之一。对内容的有偿付费释放了粉丝与被关注者之间的红利，利用粉丝效应赚取眼球就等于赚取了流量，就等于赚取了市场。内容分享平台通过引人关注，制造关注，不断保持用户黏度，又通过其有偿付费机制，保证了对内容提供者的激励。同时，用户为收回成本，也会提供高质量的内容，并做出更引人共鸣、引发大众关注的行为，例如转发、"偷听"，进而造成优质内容的火爆传播。

◎ 网红效应——让猪也能飞起来

人们利用互联网娱乐消费的同时，催生了大批有鲜明特色的网红的出现，逐渐形成了网红经济这一种新的经济形式。

网红效应是以何种形式推动企业经济发展的呢？为什么网红直播能迅速发展并带动经济效益？

流畅的网络和高清晰度的设备为网络直播的发展奠定了良好的基础，如今网络直播行业迅猛发展起来，一跃成为互联网经济中最有活力的一部分。网红在直播平台上通过利用颜值、智力或传播自己的价值观等行为吸引关注，并在与粉丝交互过程中通过获得粉丝的打赏、宣传自己的店铺以及获得广告赞助费等方式赢得利益。

网红凭借颜值优势吸引顾客的眼球，获得经济利益。另外，智力资本化也是吸引受众的一大关键。Papi 酱凭借自制段子视频一炮走红网络。她通过分享自己的生活和价值观念，生产出让人非常喜欢的内容，吸引粉丝的关注，通过招标广告获得了大量收益。2016年3月，Papi 酱获得真格基金、罗辑思维、光源资本和星图资本共计 1200 万元融资，估值 1.2 亿元左右。以李子柒为代表的国风网红，因生产正能量的国风内容，获得颇丰收益，更是被央媒点赞。因此，网红通过直播获得经济效益不但可行，其获得的效益更是可观的。

每个网红就是一个商业模式，网红群体代表着知名度，知名度对应的是它所能吸引的消费群体，对企业营销推广开拓新渠道空间有着强大的推动作用。企业想要通过"网红"的方式推动自身发展，必须要对整个市场进行充分的研究分析，清楚自己的目标和受众，再结合"网红"的方式制定出最适合自己的营销策略，这样的"网红"才能更好地推动企业的发展。

网红经济对企业发展有着巨大的宣传推广和宣传推动作用。人即资源，有人的地方才能赚到钱，网红通过微博、直播平台等各种媒体渠道吸引大量粉丝的追随，有了粉丝基础，网红可以和企业合作，一方面获得企业的资本，另一方面为企业产品进行宣传和推广。例如，网红通过直播、短视频等方式发布化妆的教程，引起大量喜欢化妆而又不太会化妆的女性的关注，网红分享自己的化妆技巧的同时，她所使用的化妆品自然会引起粉丝们的注意。网红推荐的化妆品牌对企业也起到了强大的宣传推广作用。另外，网红通过与粉丝的互动交流能够了解到消费者的需求，很好地了解他们的消费心理，深入渗透到消费者群体里，找到合适的宣传切入点，成为企业与消费者的良好媒介，为企业产品宣传服务。

网红为企业提供品牌代言，扩大了企业的影响力，这种代言实际上是一种明星效应，对企业具有强大的宣传力量。网红代言比明星代言更具亲民性，更加节省代言成本。网红来自老百姓，更加贴近百姓的生活，更接地气，且能够减少投入并达到利益的最大化。企业可以通过网红代言更好地扩大企业的影响力。因此，许多企业开始选择打造网红进一步扩大企业的知名度、曝光度及美誉度。

◉ 直播带货——直播变身经济，企业如何借力加速跑

2016年被称为直播经济元年，无论是用户数量的迅猛增长、资本的争相涌入，还是各大直播平台的相继入场，直播经济"火"了起来！网络直播的兴起为互联网行业注入了新鲜血液。网络直播的互动性和多样性，用户群以及其所带来的社会影响，导致许多投资者进入网络直播领域，一些大型和小型网络直播平台出现并具有独特性，形成了实时网络直播产业链。主播带货成为居民日常消费的途径之一。直播成为增速最生猛的新经济业态之一。

随着大环境的影响，实时互联网直播的普及已成为数字营销的主体，导致"新互联网名人"打破了明星对"粉丝经济"的垄断，"网红"出现在农业、医疗、教育等各个行业中，不仅销售产品，而且还分享知识和传播正能量，由此更加突出社会责任感。入局直播的用户越来越多。2020年4月1日，"淘宝一姐"薇娅在直播中以4000万元的价格卖出了一枚运载火箭。这不是愚人节的笑话。据2020年的直播统计报告显示，1月24日当天，正值除夕之日，全网用户上网时长当日从50小时飙涨到57.6小时。春节之后，直播行业的招聘需求同比上涨132.55%，直播人才的平均月薪达到了9845元。上海百年老字号杏花楼首次试水直播，仅用10秒就卖光了13万盒的"咸蛋黄肉松青团"。再也没有人敢小觑直播的能量了。

如今，直播的发展越来越成熟，互联网、5G、大数据等数字技术的日趋成熟为"直播＋电商"模式提供了巨大的发展机会，各地品牌商积极寻求与流量平台合作直播带货。企业可做主播，通过自己的直播平台，把网络直播当成自己的事业，宣传企业品牌。直播经济的来源，取决于吸粉量的大小。

直播给企业带来了崭新的营销时代，一些企业加入直播大军，通过网络直播为企业进行品牌宣传并吸引粉丝，获得了良好的营销

效果。网络直播也已经成为企业营销的一个新赛道。

虽然直播作为营销的新工具为企业的营销活动注入了新的活力，但依然有很多企业还在直播营销上不得其门而入。那么，企业如何在营销上开启直播营销模式呢？以下几个建议是企业做直播营销的重点方向：

（1）满足用户的好奇心。好奇是人的天性，人通常会对自己不了解的事物充满好奇。人们往往会好奇于企业产品的生产过程，企业在解答人们的这一疑问时，如果利用文字和图片讲述，往往不够直观；如果利用视频介绍，虽然效果好了很多，但是不能互动，不能让人有身临其境的感觉；而利用直播就能解决上面所有的问题。

（2）拉近产品与观众的距离。对于一些高端品牌特别是奢侈品，一般消费者或者潜在消费者很难接触到，对这些产品总有一种神秘感和好奇心。通过直播能让观众近距离观察并了解这些产品，这对培养潜在消费者是有好处的。

（3）给用户制造非凡的体验。要让潜在消费者对产品有直观的认识，最好的办法就是让潜在消费者对产品进行体验，所以现在体验经济已经大行其道。在潜在消费者不能亲临现场的情况下，最好的办法就是直播，通过直播让潜在消费者有身临其境的感受。

（4）丰富产品中的故事。无论微博营销、微信营销、直播营销，其核心还是内容营销。在内容营销中，讲好故事才是王道。好的产品故事能让用户对产品的记忆更深刻，甚至通过故事的传播使更多的人认识企业的产品，这对企业品牌知名度的提升大有好处。

（5）展示新形象。一些传统行业具有悠久的历史传统，在新的时代，通过直播做内容营销，让观众亲眼看到行业的改变，可以改变人们对这一行业的印象。

直播营销是未来重要的营销模式之一。未来，企业要想在营销上不落人后，都需要有自己的直播间，通过直播来吸引粉丝，吸引客户，进而促成交易。

◎企业家做网红——企业家做网红能给企业加多少分

在直播经济时代，直播的出现赋予了企业新的机会。网红变得企业化，企业家也出现网红化。企业家纷纷加入直播大军，乃至出现一批企业家网红。其代表人物是雷军、董明珠、马云、杨元庆、周鸿祎、王文京、徐少春、罗浩、罗振宇和王思聪、方建华、陈欧等人。企业家做直播，其主要目的是为自己的产品或者公司做宣传。

在直播中，企业可以拉近与消费者的距离，将产品零距离地传递给用户，在娱乐的同时展示产品的卖点，让内容营销更加具有说服力，而且用户也可以更好地在直播中与企业互动，提升对企业和产品的认可度，使企业更加"平民化"。

企业"平民化"的重点之一，在于企业家的"平民化"。深藏于企业背后的企业家能够将自己作为"网红"展现出来，与消费者通过直播平台进行"亲密接触"，把个人魅力与企业产品进行整合，将会带来绝佳的营销效果。另外，企业、品牌、营销人员还可以通过直播及线上谈论获得更大的曝光率，从而能够为产品带来更高的关注度和转化率。

直播也是小米近年来营销的一个重点。以雷军为例，在小米无人机发布会中，雷军凭借一台电脑、一部手机就吸引了千万人观看。

雷军曾经发表过自己对直播的看法："直播是一种全新的方式，这里面存在巨大的机会，建议创业者关注直播，利用好直播向用户介绍自己的产品。"在雷军的带动下，小米除了在各大视频网站开展直播活动外，2016年还上线了自己的直播平台，使得小米生态链更加完善。为了宣传小米直播这个平台，雷军更是亲自上场，举着小米手机连续直播了两小时，依靠自己旺盛的人气带动了小米直播平台的火爆。

很多企业家效仿雷军，纷纷加入直播大军中，他们希望通过这种方式获得年轻消费者的认可，达到营销产品的目的。与十多年前我们大力倡导企业要具备互联网思维一样，如今我们呼吁企业要顺势而为具备直播思维，把直播思维注入企业。企业家要把握好直播思维的四种表现形式，如图 10-1 所示。

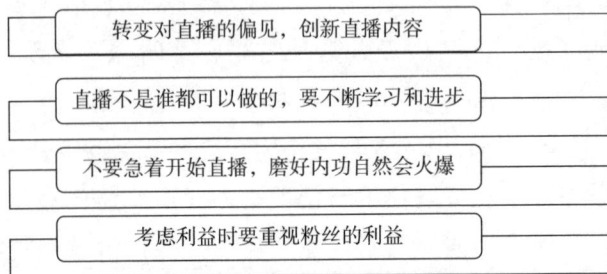

转变对直播的偏见，创新直播内容
直播不是谁都可以做的，要不断学习和进步
不要急着开始直播，磨好内功自然会火爆
考虑利益时要重视粉丝的利益

图 10-1　直播思维的四种表现形式

需要提醒的是，直播营销并不等于电视购物，因此在进行直播内容、活动的设计时，一定要避免像电视购物平台导购推荐模式一样来推销产品，而是应当将巧妙的创意加入策划中，用优质的内容换来用户的认可和可观的转化率。